가장 쉬운
마케팅이 되는
랜딩 페이지
만들기

가장 쉬운

마케팅이 되는

랜딩 페이지

만들기

남현우 지음

정보문화사
Information Publishing Group

마케팅이 되는
랜딩 페이지 만들기

초판 1쇄 인쇄 | 2024년 8월 1일
초판 1쇄 발행 | 2024년 8월 5일

지 은 이 | 남현우

발 행 인 | 이상만
발 행 처 | 정보문화사

책임편집 | 노미라
편집진행 | 명은별
교정·교열 | 안종군

주   소 | 서울시 종로구 동숭길 113
전   화 | (02)3673-0114
팩   스 | (02)3673-0260
등   록 | 1990년 2월 14일 제1-1013호
홈페이지 | www.infopub.co.kr

I S B N | 978-89-5674-983-9

머리말

포토샵은 2D 이미지를 제작하거나 편집하는 데 사용하는 대표적인 컴퓨터 그래픽 프로그램입니다. '뽀샵'이라는 단어로 대중에게 널리 알려진 프로그램이죠. 포토샵은 다양한 분야에서 진가를 발휘하고 있지만, 최근 들어 포토샵은 온라인 마케팅에도 많이 사용되고 있습니다. 온라인 마케팅에 필요한 이미지를 '랜딩 페이지'라고 합니다. 사용자가 웹 사이트에 처음 접속했을 때 나타나는 페이지입니다.

필자는 가끔 "랜딩 페이지를 제작하는 데 필요한 포토샵의 기능을 알려 주세요!"라는 질문을 받습니다. 하지만 랜딩 페이지 제작에 필요한 포토샵의 기능은 따로 존재하지 않습니다. 포토샵의 기초와 활용 방법을 잘 익히면 무엇이든 제작할 수 있기 때문입니다.

포토샵을 이용해 마케팅용 이미지를 만들 때 무엇보다 중요한 것은 목적을 정확하게 설정하는 것입니다. 목적이 분명해야 그에 부합하는 마케팅 이미지를 만들 수 있습니다.

이미지 디자인은 마케팅의 대상과 내용에 따라 달라집니다. 최근 모니터가 점차 대형화되고 고해상도로 발전하고 있는데 작업자의 모니터 해상도에 맞는 디자인만 고려한다면 고객에 대한 배려심이 없는 것입니다. 거래처와의 미팅 중 최신형 모니터를 이용해 상담하는 과정에서 글씨를 크게 보기 위해 모니터의 해상도를 일반 해상도로 설정하는 것을 예로 들 수 있습니다. 이와 같이 마케팅 이미지를 만들 때는 고객의 모니터 해상도도 고려해야 합니다. 포토샵을 이용해 아무리 좋은 디자인이 담긴 랜딩 페이지를 만들었다 하더라도 고객이 보는 데 어려움이 있다면 고려해 봐야 합니다.

'아무리 어려운 책이라도 백번을 읽으면 그 뜻을 알 수 있다'라는 말이 있습니다. 책을 보다가 어려운 부분이 있다면 읽고 또 읽어 보세요. 어느새 내용이 이해되어 있을 것입니다. 그래도 어려운 부분이 있다면 필자에게 메일을 보내 주시기 바랍니다.

이 책이 독자의 포토샵을 이용한 온라인 마케팅에 많은 도움이 되길 바랍니다.

저자 남현우

차례

차례

Part 03 ▶ 디저트 카페 창업 랜딩 페이지 만들기

Section 03 모델 이미지 만들기 102

Section 04 특징 만들기 110

차례

Section 05 — 3WAY 매출 만들기 ··· 127

Part 04 ▶ 내돈내산 포토 리뷰 이벤트 만들기

Section 01 — 포인트 이미지 만들기 ··· 138

Section 02 참여 방법 만들기 154

Section 03 작성 버튼 완성하기 166

차례

Part 05 PT 룸 할인 행사 랜딩 페이지 만들기

차례

Part ▶ *01*

랜딩 페이지
알아보기

랜딩 페이지는 이메일 광고, 각종 SNS(트위터, 인스타그램, 페이스북, 카카오톡 등) 타깃 광고 및 게시물을 통해 유입됐을 때 가장 먼저 접하게 되는 웹 사이트를 말합니다. 일반적으로 링크를 통해 제품 설명, 이벤트 내용을 확인하거나 참여 신청을 할 수 있습니다.

Section **01** 랜딩 페이지란?

랜딩(Landing)은 '착륙'이라는 사전적 의미를 지니고 있습니다. 즉, '최종적으로 도착하게 되는 목적지'를 말합니다. 랜딩 페이지(Landing Page)는 사용자가 웹 사이트에 처음 접속했을 때 나타나는 페이지를 말합니다. 따라서 랜딩 페이지는 광고, 이메일 마케팅, 소셜 미디어 등을 통해 사용자의 관심을 끌고 사용자들의 참여를 유도하는 데 도움이 되도록 제작해야 합니다.

랜딩 페이지는 이처럼 특정한 목적을 갖고 있고 그 목적에 따라 설계됩니다. 목적의 예로는 제품 판매 및 홍보, 서비스의 판매, 고객 정보 수집, 설문 조사 참여, 이벤트 등을 들 수 있습니다.

국내 포털 사이트에서 '랜딩 페이지'라는 단어로 검색하면 수많은 랜딩 페이지 제작 업체의 광고와 관련 문서들이 검색됩니다. 이는 랜딩 페이지가 필요한 업체가 많다는 것을 의미합니다.

▲ '랜딩 페이지'라는 키워드로 검색했을 때 나타나는 화면

● 랜딩 페이지의 요소

랜딩 페이지에는 제목(Headline), 설명(Description), 호출(CTA, Call to Action), 이미지 또는 동영상, 소셜 증명(Social Proof), 양식(Form) 등과 같은 다양한 요소가 포함돼 있습니다. 각 요소에 대해 살펴보겠습니다.

제목

명료하고 강력한 제목은 사용자의 주의를 끌어 랜딩 페이지의 목적을 정확히 전달하는 데 도움이 됩니다. 따라서 제목만 봐도 어떤 랜딩 페이지인지 알 수 있어야 합니다.

▲ 랜딩 페이지의 제목

설명

제품, 서비스 또는 제안에 대한 자세한 설명이 제공돼야 합니다. 이 설명은 간결하면서도 명확해야 합니다. 창업을 위한 랜딩 페이지라면 창업을 해야 하는 이유와 창업이 성공할 수 있는지의 여부가 정확하게 전달돼야 합니다.

◀ 랜딩 페이지의 설명

호출

사용자의 참여를 유도하는 요소입니다. 대표적인 예로 지금 구매하기, 무료로 등록하기, 이벤트 참여하기, 창업 문의하기, 후기 작성하기, 더 알아보기 등이 있습니다.

▲ 랜딩 페이지의 호출

이미지 또는 동영상

랜딩 페이지의 곳곳에 이미지, 사진, 동영상(유튜브)을 삽입해 시각적인 콘텐츠를 부각시키고 제품 또는 서비스의 가치를 보다 생생하게 전달합니다. TV 방송이나 언론에 출연한 영상을 랜딩 페이지에 삽입하는 것도 좋은 방법입니다.

▲ 공장 사진

▲ 메뉴 사진

▲ 인테리어 사진

▲ 유튜브 홍보 영상

소셜 증명

인스타그램이나 각종 SNS에 고객의 리뷰, 평가 등이 포스팅돼 있을 경우, 이를 랜딩 페이지에 포함시켜 사용자들에게 신뢰감을 심어 주는 것이 좋습니다.

▲ 인스타그램 리뷰

▲ 블로그 리뷰

양식

이메일 또는 고객 정보 수집이나 등록을 유도하기 위한 양식이 제공될 수 있습니다. 이때는 반드시 개인정보 수집 동의서와 이용 약관 동의서가 포함돼 있어야 합니다.

랜딩 페이지의 디자인과 내용은 대상 마켓, 제품 또는 서비스의 특성, 마케팅 목표 등에 따라 변경될 수 있습니다. 랜딩 페이지의 목적은 사용자의 관심을 끌어 참여를 유도하는 것입니다.

▲ 랜딩 페이지의 양식

02 랜딩 페이지 디자인

랜딩 페이지는 사용자가 웹 사이트에서 처음으로 접하게 되는 지점으로, 사용자에게 첫인상을 남기는 중요한 요소입니다. 잘 설계된 랜딩 페이지는 사용자의 관심과 참여를 유도하는 데 많은 도움이 됩니다. 따라서 랜딩 페이지의 디자인은 매우 중요합니다. 랜딩 페이지를 디자인할 때 고려해야 할 사항은 다음과 같습니다.

● 간결하고 명확한 레이아웃

랜딩 페이지의 레이아웃은 간결하고 명확해야 합니다. 사용자가 정보를 쉽게 찾을 수 있도록 주요 요소가 잘 배치돼 있어야 합니다. 안내선을 이용해 정확한 위치와 크기를 미리 설정해 놓으면 이미지를 편리하게 제작할 수 있습니다.

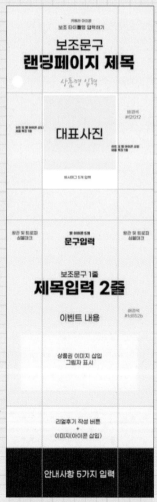

▲ 랜딩 페이지 레이아웃

시각적인 요소 활용

이미지, 비디오, 아이콘 등과 같은 시각적인 요소를 활용하면 사용자의 시선을 끌거나 관심을 유도할 수 있습니다. 하지만 너무 과하게 사용하면 사용자에게 혼란을 줄 수 있으므로 적절하게 사용하는 것이 중요합니다.

▲ 브랜드 로고 사용

▲ 방송 출연 영상 사용

▲ 연관 이미지 사용

색상과 디자인 일관성

랜딩 페이지의 색상과 디자인은 회사의 브랜드와 일치해야 합니다. 또한 브랜드의 색상과 디자인 가이드라인을 준수해 일관성 있는 사용자 경험을 제공해야 합니다. 만약 중국집 창업 랜딩 페이지라면 로고, 브랜드 컬러, 제품 컬러, 아이콘, 심볼 등이 일관성 있게 디자인돼야 합니다.

▲ 중국집 창업 랜딩 페이지의 예

▲ 치킨집 창업 랜딩 페이지의 예

호출 강조

호출은 랜딩 페이지에서 가장 중요한 요소 중 하나입니다. 강력한 디자인과 적절한 배치를 통해 호출을 강조하고 사용자의 특정한 행동을 유도해야 합니다. 즉, 전화 상담하기, 후기 작성하기, 자세히 보기, 이벤트 참여하기, 창업 비용 알아보기 등 고객을 유치할 수 있는 내용을 강조해야 합니다.

▲ 전화 상담하기

▲ 실시간 채팅

▲ 상담 신청하기

최적화 디자인

모바일 기기에서도 원활하게 사용할 수 있도록 최적화 디자인을 적용해야 합니다. PC, 태블릿, 모바일 기기 모두 일관된 내용을 담고 있어야 합니다.

▲ PC, 태블릿, 모바일 기기 최적화 디자인

텍스트 가독성

텍스트는 가독성이 좋아야 합니다. 충분한 공백과 명확한 폰트를 사용해 사용자가 내용을 쉽게 읽을 수 있도록 해야 합니다. 텍스트를 서술형으로 나열하기보다는 핵심적인 키워드를 이용해 텍스트를 구성하는 것이 좋습니다.

▲ 키워드를 활용한 텍스트

TIP ▶ **포토샵 무료 체험판 사용하기**

어도비코리아 홈페이지에 접속하면 포토샵 무료 체험판을 다운로드할 수 있습니다. 다운로드한 프로그램을 무료 체험 기간 동안 사용해 본 후에 구매 여부를 결정하면 됩니다. 이때 주의해야 할 점은 무료 체험판을 사용하고자 할 때라도 어도비코리아에서 카드 결제를 요청하기 때문에 구매할 의사가 없다면 무료 체험 기간이 종료됐을 때 반드시 결제 취소(플랜 취소)를 요청해야 한다는 것입니다.

■ 어도비코리아 홈페이지 방문

어도비코리아 홈페이지(https://www.adobe.com/kr)에 접속합니다. 회원 가입 후 계정을 만들고 로그인합니다.

■ 무료 체험판 설치하기

[무료 체험하기] 버튼을 클릭해 무료 체험판을 설치합니다.

무료 상업용 폰트는 누구나 포토샵에서 사용할 수 있습니다.

■ 폰트 복사하기

❶ [sample] 폴더의 [font] 폴더를 연 후 Ctrl+A를 눌러 모든 파일을 선택합니다. ❷ c:\windows\fonts 폴더를 연 후 Ctrl+V를 눌러 복사한 폰트를 붙여넣기합니다.

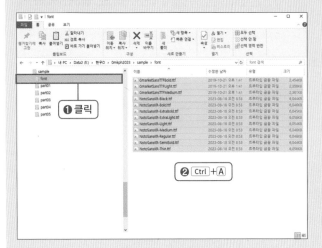

■ 포토샵에서 폰트 사용하기

포토샵, 일러스트레이터 또는 기타 그래픽 프로그램이나 편집 프로그램의 폰트는 c:\windows\fonts 폴더에 있는 폰트를 불러와 사용합니다.

❶ 수평 문자 도구 T 를 선택한 후 문자를 드래그해 선택합니다. ❷ 문자 팔레트에서 폰트를 선택한 후 크기, 색상을 설정합니다.

Part ▶ *02*

치과 이벤트
랜딩 페이지 만들기

마케팅을 목적으로 사용하는 랜딩 페이지 중 가장 많이 사용하는 것이 '이벤트성 홍보 이미지'입니다. 이는 이벤트 신청자의 정보를 온라인 또는 오프라인 마케팅에 활용하는 것을 말합니다. 2부에서는 치과에서 활용할 이벤트 랜딩 페이지를 만들어 보겠습니다.

기본 틀 만들기

온라인 마케팅에서 사용되는 랜딩 페이지는 그 대상과 목적에 따라 이미지의 길이, 색상, 아이콘 등이 달라지므로 기본 틀의 제작이 매우 중요합니다.

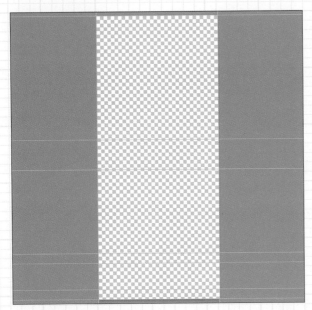

▲ 예제 파일(part02-01.psd)

▲ 완성 파일(part02-01c.psd)

헤드라인 도형 만들기

❶ 포토샵을 실행한 후 'part02.psd'를 열고 레이어 팔레트에서 [bg] 레이어를 선택합니다. ❷ 도형을 만들기 위해 도구 상자에서 사각형 도구 □ 를 선택한 후 상부 옵션의 선택 도구 모드에서 [모양 ∨] 을 선택하고 드래그해 사각형을 만듭니다.

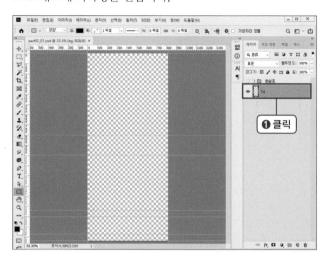
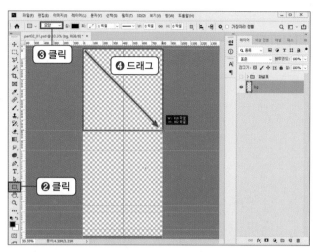

TIP ▶ **안내선이란?**

안내선(Guide Line)이란, '자(Rulers)'에서 뽑아 낸 선'을 말합니다. 안내선은 단순히 안내하는 도구일 뿐, 이미지에는 아무런 영향을 미치지 않습니다. 예를 들어, 여러 개의 이미지를 안내선과 스냅을 이용해 정렬하거나 눈금자와 같이 이미지의 크기를 잴 때 사용하는 도구입니다. 안내선은 출력되지 않습니다. 이 안내선을 잘 이용하면 좀 더 능률적으로 작업할 수 있습니다. 안내선을 이용하려면 [보기] 메뉴의 [표시]-[안내선]에 체크 표시를 한 후 [보기] 메뉴의 [스냅 옵션]-[안내선]에 체크 표시를 하고 [보기] 메뉴의 [스냅]에 체크 표시를 해야 합니다.

■ 안내선의 간단한 사용 방법
  - 안내선 표시: 눈금자[[Ctrl]+[R](on/off)] 영역을 클릭한 후 화면의 내부까지 드래그합니다.
  - 안내선 수직, 수평 전환: 안내선을 클릭, 드래그한 후 원하는 위치에서 [Alt]를 누릅니다.

TIP ▶ **안내선 보이기, 고급 안내선**

안내선이 보이지 않을 경우에는 [Ctrl]+[H]를 누르면 됩니다. 다시 [Ctrl]+[H]를 누르면 보이지 않게 됩니다. 포토샵에서 이미지를 이동하거나 복사할 때 [보기] 메뉴의 [표시]에서 고급 안내선을 켜면 좀 더 정확하게 작업할 수 있습니다.

TIP ▶ **스냅 체크하기**

레이어의 경계선에 안내선을 정확하게 붙이려면 [보기] 메뉴의 [스냅]에 체크 표시를 한 후 [스냅 옵션]에서 [안내선]과 [레이어]에 체크 표시를 해야 합니다.

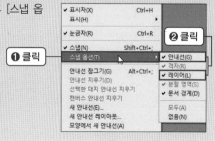

안내선 만들기

이미지의 위치나 크기를 좀 더 정확하게 설정하려면 안내선을 만들어야 합니다. 안내선은 다음 2가지 방법으로 만들 수 있습니다.

■ 안내선 만들기_첫 번째 방법

이미지 창의 왼쪽과 위쪽에 있는 눈금자에서 원하는 위치만큼 드래그합니다. 안내선을 지우려면 이동 도구⊕를 선택한 후 삭제하고자 하는 안내선을 눈금자까지 드래그합니다.

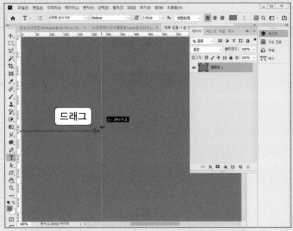

▲ 안내선 만들기

▲ 안내선 지우기

■ 안내선 만들기_두 번째 방법

정확한 위치에 안내선을 만들어야 할 경우에는 [보기] 메뉴의 [새 안내선]을 선택하면 나타나는 [새 안내선] 대화상자에서 '방향'과 '위치'를 설정합니다.

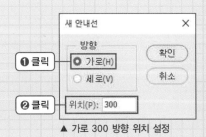

▲ 가로 300 방향 위치 설정

▲ 위에서 아래 방향으로 300만큼 떨어진 지점에 새 안내선 형성

■ 원점(0, 0) 좌표 이동과 재위치

포토샵의 원점은 기본적으로 0, 0, 즉 눈금자가 만나는 왼쪽 상단의 모퉁이에 설정됩니다. 이 지점을 드래그해 다른 곳에 놓으면 그 지점이 원점이 됩니다. 다시 원래의 원점을 더블클릭하면 원래 원점으로 돌아갑니다.

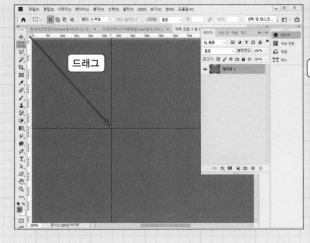 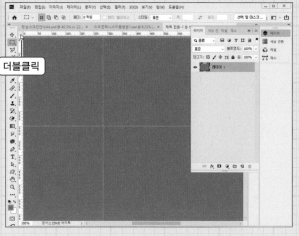

02 색상 설정하기

❶ 색상을 변경하기 위해 [bg] 레이어의 레이어 축소판▉을 더블클릭합니다. ❷ [색상 피커(단색)] 대화상자가 나타나면 [R: 70], [G: 45], [B: 25]를 입력한 후 [확인] 버튼을 클릭합니다. ❸ 배경 영역을 만들기 위해 도구 상자에서 사각형 도구▭를 선택한 후 다른 두 점을 설정해 사각형을 만듭니다.

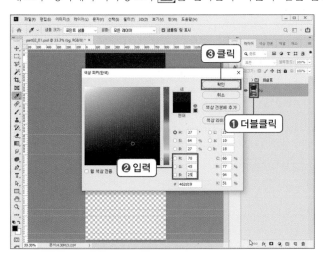 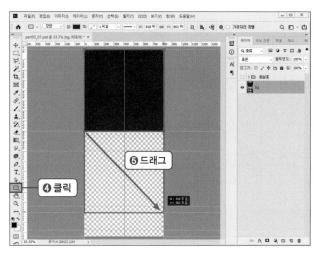

눈금자의 단위를 변경하려면 눈금자 위에 마우스 오른쪽 버튼을 클릭하면 나타나는 단축 메뉴 중에서 원하는 단위를 선택하면 됩니다.

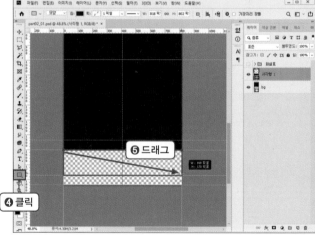

03 상담 리스트 영역 만들기

❶ 색상을 변경하기 위해 [사각형 1] 레이어의 레이어 축소판▉을 더블클릭합니다. ❷ [색상 피커(단색)] 대화상자가 나타나면 [R: 55], [G: 35], [B: 25]를 입력한 후 [확인] 버튼을 클릭합니다. ❸ 도형을 더 만들기 위해 도구 상자에서 사각형 도구▢를 선택한 후 또 다른 두 점을 설정해 사각형을 만듭니다.

04

카피라이트 영역 만들기

❶ 색상을 변경하기 위해 [사각형 2] 레이어의 레이어 축소판📇을 더블클릭합니다. ❷ [색상 피커(단색)] 대화상자가 나타나면 [R: 255], [G: 255], [B: 255]를 입력한 후 [확인] 버튼을 클릭합니다. ❸ 카피라이트 영역을 만들기 위해 도구 상자에서 사각형 도구📑를 선택한 후 두 점을 설정해 사각형을 만듭니다.

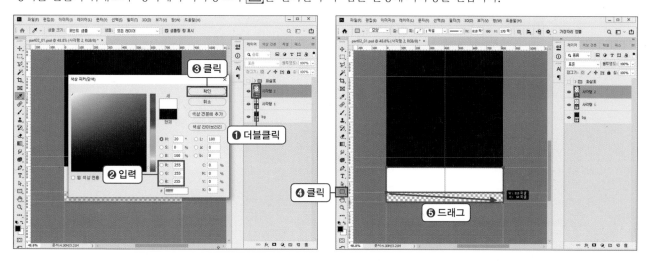

신청하기 영역 만들기

❶ 색상을 변경하기 위해 [사각형 3] 레이어의 레이어 축소판📇을 더블클릭합니다. ❷ [색상 피커(단색)] 대화상자가 나타나면 [R: 65], [G: 65], [B: 65]를 입력한 후 [확인] 버튼을 클릭합니다. ❸ 신청하기 영역을 만들기 위해 도구 상자에서 모서리가 둥근 사각형 도구📑를 선택한 후 상부 옵션의 [반경]에 '30'을 입력하고 두 점을 설정합니다.

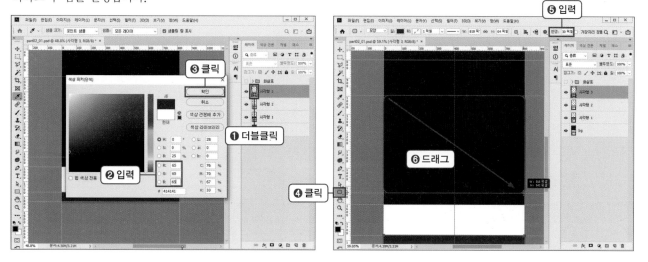

06 각진 모서리 만들기 1

① 색상을 변경하기 위해 [모서리가 둥근 직사각형 1] 레이어의 레이어 축소판 ▊을 더블클릭합니다.
② [색상 피커(단색)] 대화상자가 나타나면 [R: 255], [G: 255], [B: 255]를 입력한 후 [확인] 버튼을 클릭합니다. ③ 각진 모서리를 만들기 위해 도구 상자에서 사각형 도구 ▢를 선택한 후 도형을 합치기 위해 상부 옵션에서 [모양 결합] ▱을 선택합니다.

07 사각형 만들기

① 두 지점을 클릭해 사각형을 만듭니다. 색상을 변경하기 위해 [모서리가 둥근 직사각형 1] 레이어의 레이어 축소판 ▊을 더블클릭합니다. ② [색상 피커(단색)] 대화상자가 나타나면 [R: 255], [G: 255], [B: 255]를 입력한 후 [확인] 버튼을 클릭합니다. 만약, 색상이 흰색으로 설정돼 있다면 생략해도 됩니다.

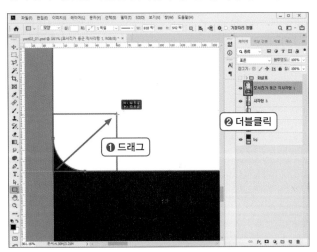

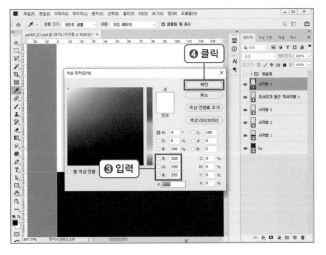

08 각진 모서리 만들기 2

❶ 다른 각진 모서리를 만들기 위해 도구 상자에서 사각형 도구□를 선택한 후 오른쪽 모서리의 두 지점을 설정합니다. ❷ [색상 피커(단색)] 대화상자가 나타나면 [R: 255], [G: 255], [B: 255]를 입력한 후 [확인] 버튼을 클릭합니다.

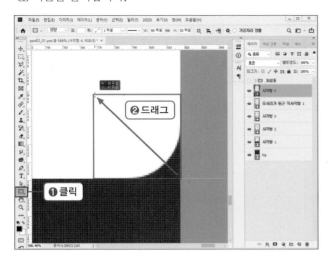
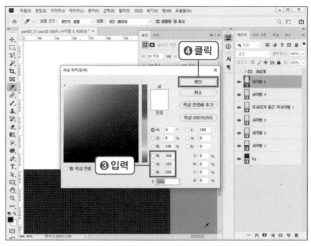

09 화살표 노출하기

❶ 메인 문구 영역을 보여 주기 위해 레이어 팔레트에서 화살표 그룹 레이어의 레이어 가시성◉을 클릭해 활성화한 후[화살표] 레이어를 선택합니다. ❷ 화살표가 모서리가 둥근 사각형 위에 자연스럽게 걸치도록 만들겠습니다. 도구 상자에서 다각형 올가미 도구▷를 선택한 후 다음 그림과 같이 화살표 옆의 조금 튀어 나온 부분을 선택합니다.

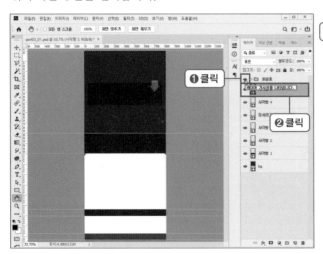
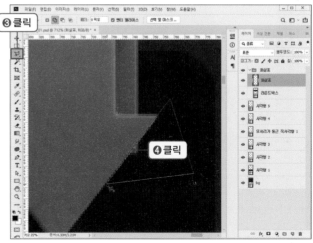

10 선택하기

❶ 다른 영역을 선택하기 위해 도구 상자에서 사각형 선택 윤곽 도구 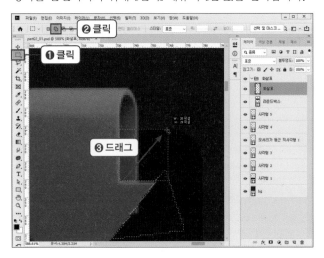를 선택합니다. 선택 영역을 합치기 위해 상부 옵션에서 선택 영역에 추가 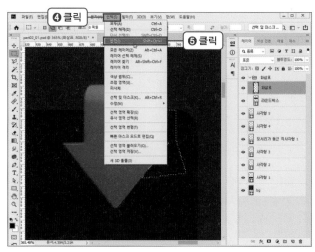를 누른 후 다음 그림과 같이 사각 영역을 선택합니다. ❷ 선택 영역을 반전시키기 위해 [선택] 메뉴의 [반전]을 선택합니다.

11 선택 영역 보여 주기

선택된 영역만 나타내기 위해 레이어 팔레트의 아래에 있는 벡터 마스크 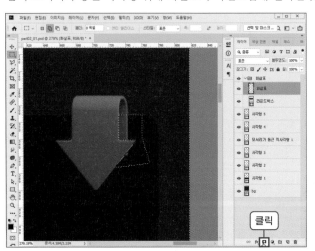를 클릭합니다. 다음 그림과 같이 모서리가 둥근 사각형 위에 화살표가 자연스럽게 걸쳐진 것을 확인할 수 있습니다.

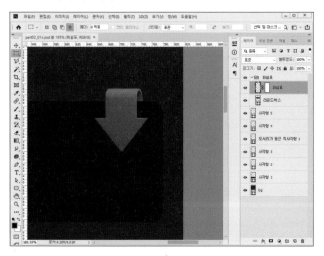

Special
TIP

클리핑 마스크란?

클리핑 마스크란, 2개의 레이어 중 아래에 있는 레이어의 영역만큼만 위에 있는 레이어 영역이 나타나는 것을 말합니다. [Alt]를 누른 후 2개 레이어 사이를 클릭하면 클리핑 마스크가 적용됩니다.

■ [1번] 레이어

원형 도형에 색상이 채워진 이미지입니다.

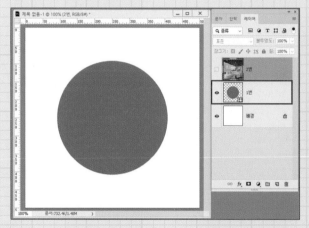

■ [2번] 레이어

병원 사진이 있는 이미지입니다.

■ 클리핑 마스크

[Alt]를 누른 후 [1번] 레이어와 [2번] 레이어 사이를 클릭합니다.

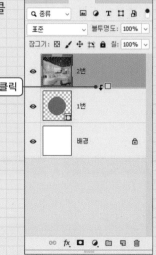

■ 결과

[1번] 레이어 영역(원형)만큼만 사진이 나타나는 것을 확인할 수 있습니다. [Alt]를 누른 후 다시 한번 [1번] 레이어와 [2번] 레이어 사이를 클릭하면 클리핑 마스크가 해제됩니다.

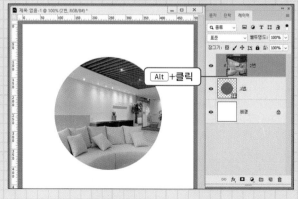

타이틀 만들기

이벤트 랜딩 페이지의 메인 타이틀을 만들어 보겠습니다. 수평 문자 도구 **T,**와 뒤틀어진 텍스트 만들기 **ɪ**를 선택한 후 문자를 입력하고 붓을 이용해 하이라이트를 만듭니다.

▲ 예제 파일(part02-02.psd)

▲ 완성 파일(part02-02c.psd)

01 문자 입력하기

❶ 레이어 팔레트에서 화살표 그룹을 선택합니다. 타이틀을 입력하기 위해 도구 상자에서 수평 문자 도구 T를 선택합니다. 상부 옵션에서 임의의 글꼴(굵은 폰트)을 설정한 후 크기를 '90pt'로 설정하고 '프리미엄 임플란트'를 입력합니다. 문자의 색상은 임의로 설정해도 됩니다. ❷ 문자를 변형하기 위해 뒤틀어진 텍스트 만들기 T를 클릭하면 나타나는 [텍스트 뒤틀기] 대화상자에서 스타일을 위 부채꼴 □로 선택한 후 [구부리기]에 '20'을 입력하고 [확인] 버튼을 클릭합니다. 상부 옵션에서 텍스트 중앙 정렬 을 누릅니다.

02 문자 이동하기

❶ 객체를 이동하기 위해 이동 도구 ⊕를 선택한 후 문자를 가운데로 드래그합니다. ❷ 문자에 그러데이션을 적용하기 위해 [레이어] 메뉴의 [레이어 스타일]-[그레이디언트 오버레이]를 선택합니다.

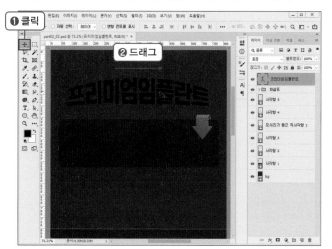
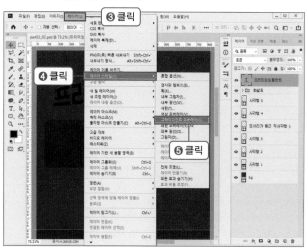

03 그러데이션 만들기

❶ [그레이디언트 오버레이] 대화상자가 나타나면 [그레이디언트 편집] ▭▭▭▭ㅣ을 클릭합니다. ❷ [그레이디언트 편집기] 대화상자가 나타나면 맨 앞에 있는 [색상 정지점] ▮을 더블클릭합니다. [색상 피커(정지색상)] 대화상자가 나타나면 [R: 252], [G: 232], [B: 172]를 입력한 후 [확인] 버튼을 클릭합니다.

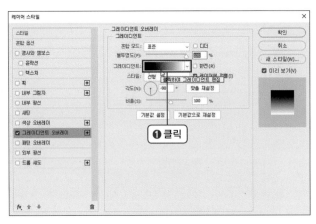
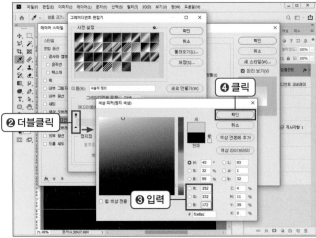

04 그림자 만들기

❶ 맨 뒤에 있는 색상 정지점의 색상을 [R: 188], [G: 147], [B: 82]로 설정한 후 [확인] 버튼을 클릭합니다.
❷ 그림자를 만들기 위해 [레이어 스타일] 대화상자에서 [혼합 옵션]의 맨 아래에 있는 [드롭 섀도]를 클릭합니다. 오른쪽의 [드롭 섀도]-[구조] 항목에서 각각 [혼합 모드: 곱하기], [색상: 검은색], [불투명도: 35], [각도: 137], [거리: 10], [스프레드: 3], [크기: 10]으로 설정합니다.

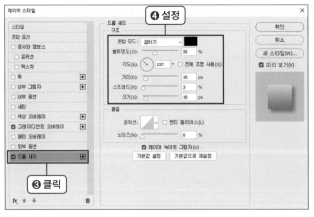

05 엠보싱 만들기

❶ 엠보싱 효과를 만들기 위해 혼합 옵션 아래 첫 번째의 [경사와 엠보스]에 체크 표시를 합니다. 오른쪽의 [경사와 엠보스]−[구조] 항목에서 [스타일: 내부 경사], [크기: 1]을 입력한 후 [확인] 버튼을 클릭합니다. 나머지는 기본값을 유지합니다. ❷ 새로운 레이어를 만들기 위해 Ctrl + Shift + N 을 누른 후 [새 레이어] 대화상자가 나타나면 [확인] 버튼을 누릅니다.

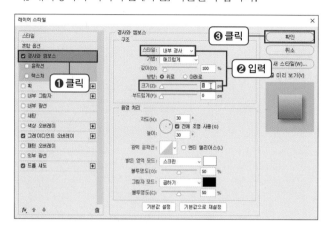

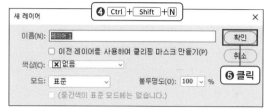

06 브러시 가져오기

❶ 브러시 스타일을 불러오기 위해 브러시 도구 를 선택한 후 상부 옵션에서 브러시 사전 설정을 클릭하고 [설정]을 눌러 [브러시 가져오기]를 선택합니다. ❷ [sample] 폴더에 있는 'brush+.abr'을 선택한 후 [불러오기] 버튼을 클릭합니다.

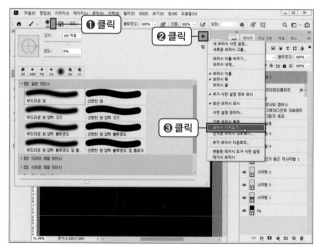

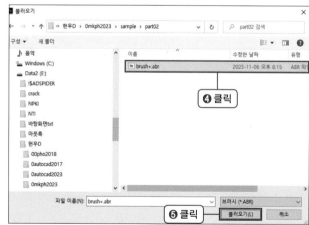

[브러시 설정] 대화상자에서는 브러시 모양, 뒤집기, 각도, 원형률,
경도, 간격 등을 설정할 수 있습니다.

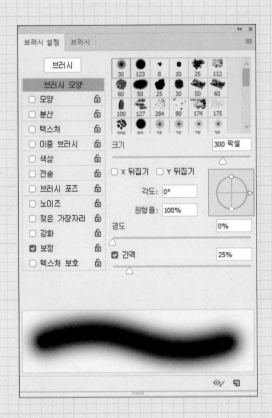

- 크기: 픽셀 단위로 값을 입력하거나 슬라이더를 드래그해 브러시의 크기를 조절할 수 있습니다.
- X 뒤집기: 브러시 모양의 방향을 X축으로 대칭시킵니다.
- Y 뒤집기: 브러시 모양의 방향을 Y축으로 대칭시킵니다.
- 각도: 브러시를 회전시킵니다. 원형률을 변경한 후에 각도를 조절하면 좀 더 쉽게 이해할 수 있습니다.
- 원형률: 100% 값은 원형 브러시, 0% 값은 선형 브러시, 중간 값은 타원형 브러시를 나타냅니다.
- 경도: 브러시 경계의 선명도를 의미합니다. 수치가 클수록 브러시의 경계
  가 딱딱해집니다.
- 간격: 브러시 선에 나타나는 브러시 사이의 간격을 조절합니다.

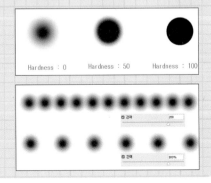

07 하이라이트 만들기

❶ [brush +] 세트에서 [light]를 선택한 후 크기에 '180'을 입력하고 전경색을 [R: 225], [G: 220], [B: 190]
으로 설정합니다. ❷ '임' 글자의 조금 윗부분을 클릭합니다.

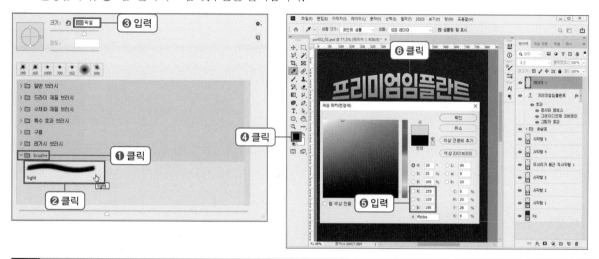

TIP ▶ 브러시 모음 웹 사이트

빛, 연기, 불, 별, 레이저, 구름, 안개 등의 브러시를 제공하는 무료
웹 사이트를 소개합니다. 브러시 모음을 다운로드해 다양하게 활용
해 보세요.

https://www.brusheezy.com/free/light

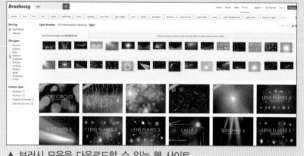

▲ 브러시 모음을 다운로드할 수 있는 웹 사이트

08 혼합 모드 설정하기

❶ [레이어 1]의 혼합 모드를 [선형 닷지(추가)]로 변경합니다. ❷ 새로운 레이어를 만들기 위해 Ctrl + Shift +N을 누르면 나타나는 [새 레이어] 대화상자에서 [확인] 버튼을 누릅니다.

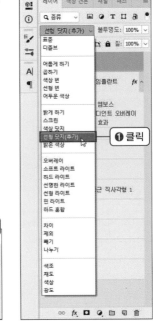

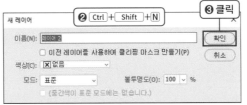

TIP ▶ 선형 닷지(추가)

두 레이어의 색상 정보로 명도를 높여 기존 레이어(아래 레이어)를 밝게 만든 후 혼합합니다. 아래 레이어에 검은색이 있으면 색상이 변하지 않습니다.

❶ [배경] 레이어에 두바이 버즈 알 아랍 호텔의 야경 사진이 있고 [배경] 레이어 위에 [촛불] 레이어가 있습니다. [촛불] 레이어의 혼합 모드는 [표준]으로 설정돼 있습니다.

❷ [촛불] 레이어의 혼합 모드를 [선형 닷지(추가)]로 변경했습니다. 검은색에 가까울수록 투영이 이뤄지고 흰색에 가까울수록 강하게 나타납니다.
전경색을 '검은색'으로 설정한 후 브러시 도구 ✎를 선택하고 강한 부분을 문질러 주면 투영도가 인식됩니다.

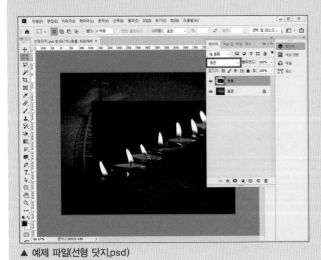

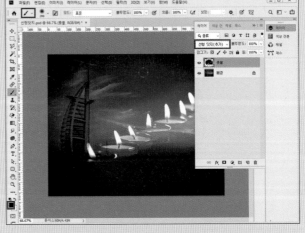

▲ 예제 파일(선형 닷지.psd)

09 빛 만들기

❶ 빛을 만들기 위해 [브러시 설정]의 [일반 브러시]에서 '부드러운 원'을 선택한 후 상부 옵션에서 크기를
'500'으로 설정합니다. ❷ 다음 그림과 같이 빛의 위치를 클릭합니다.

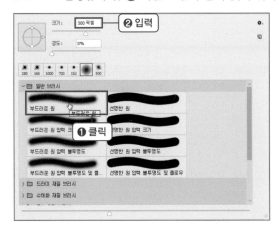
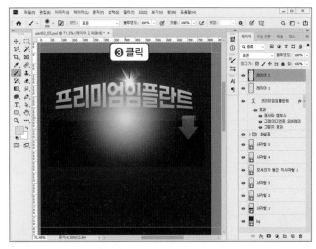

TIP 붓 커서

붓의 커서가 보이지 않는다면 [Tab]을 누르고 붓의 크기를 조절하려면 [[] 또는 []]를 누르면 됩니다.

10 크기, 혼합 모드 설정하기

❶ 빛의 크기를 조절하려면 [Ctrl]+[T]를 누른 후 상하 방향으로만 크기를 줄입니다. ❷ 좀 더 선명한 컬러
를 나타내려면 [레이어 2]의 혼합 모드를 [선형 닷지(추가)]로 변경합니다.

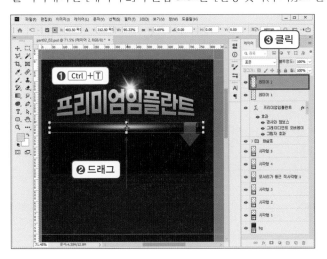

렌즈 플레어

렌즈 플레어로 이미지 위에 카메라 렌즈에서 반사되는 빛을 만들 수 있습니다. 렌즈의 유형에 따라 빛의 모양이 달라집니다. 하이라이트도 쉽게 만들 수 있습니다.

- 명도: 빛의 강도를 의미합니다. 10%부터 300%까지 설정할 수 있습니다.

- 렌즈의 유형: 카메라 렌즈의 두께를 의미합니다.
  - 50-300mm 확대/축소: 표준 렌즈부터 망원 렌즈에 이르기까지 빛을 만들어 냅니다.
  - 35mm 프라임: 표준 렌즈보다 작은 빛을 만들어 냅니다.
  - 105mm 프라임: 망원 렌즈의 빛을 만들어 냅니다.
  - 동영상 프라임: 동영상 제작용 렌즈의 빛을 만들어 냅니다.

▲ 원본 이미지

▲ 50-300mm 확대/축소

▲ 35mm 프라임

▲ 105mm 프라임

▲ 동영상 프라임

11 테두리 만들기

❶ 레이어 팔레트의 화살표 그룹에 있는 [라운드박스] 레이어를 선택한 후 테두리 선을 만들기 위해 [레이어] 메뉴의 [레이어 스타일]-[획]을 선택합니다. ❷ [레이어 스타일] 대화상자가 나타나면 [획]-[구조] 항목의 크기에 '2'를 입력한 후 [색상]을 클릭합니다. [색상 피커(획 색상)] 대화상자가 나타나면 [R: 123], [G: 82], [B: 49]를 입력한 후 [확인] 버튼을 클릭합니다. 다시 한번 [레이어 스타일] 대화상자가 나타나면 [확인] 버튼을 클릭합니다.

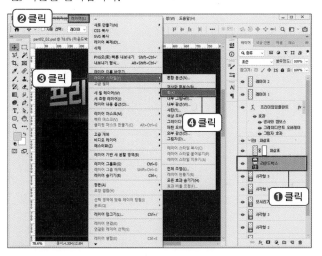
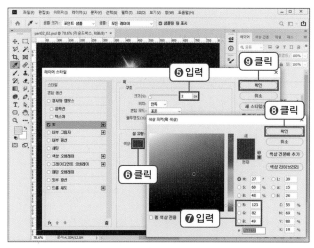

TIP | **획의 위치**

선택 영역을 기준으로 안쪽, 중앙, 바깥쪽에 선(획)을 만들 수 있습니다. 안쪽은 선택 영역의 내부, 중앙은 선택 영역 안과 바깥쪽, 바깥쪽은 선택 영역의 밖에 획을 만드는 것입니다.

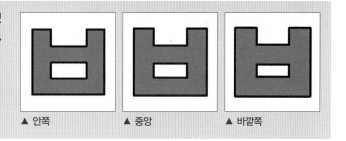

▲ 안쪽 　　　 ▲ 중앙 　　　 ▲ 바깥쪽

12 보조 타이틀 만들기

❶ 레이어 팔레트에서 [레이어 2] 레이어를 선택한 후 수평 문자 도구 T 를 선택하고 적당한 크기로 '임플란트 특가혜택'을 입력합니다. 색상은 '흰색'으로 설정합니다. ❷ 새로운 레이어를 만들기 위해 Ctrl + Shift + N 을 누르면 나타나는 [새 레이어] 대화상자에서 [확인] 버튼을 누릅니다.

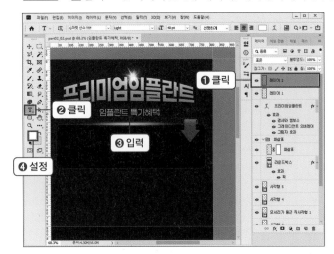

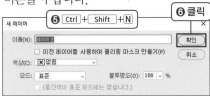

13 선 만들기

❶ 가로 1픽셀을 선택하기 위해 단일 행 선택 윤곽 도구 를 선택한 후 다음 그림과 같이 위치를 설정합니다. ❷ 도구 상자에서 사각형 선택 윤곽 도구 를 선택한 후 교집합을 선택하기 위해 상부 옵션에서 선택 영역과 교차 를 클릭한 후 다음 그림과 같이 사각형을 만듭니다.

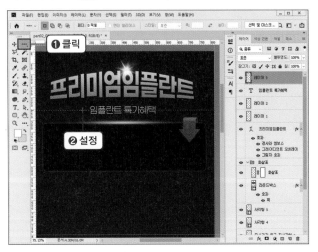

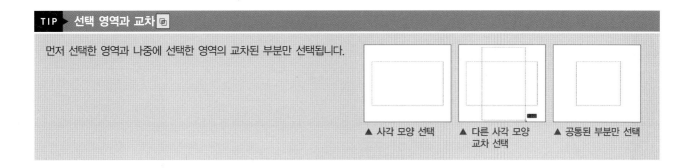
14 색칠하기

❶ 선택 영역에 색상을 채우기 위해 [편집] 메뉴의 [칠]을 선택하면 나타나는 [칠] 대화상자의 [내용] 항목에서 [색상...]을 선택합니다. ❷ [색상] 대화상자가 나타나면 [R: 110], [G: 80], [B: 55]를 입력한 후 [확인] 버튼을 클릭합니다.

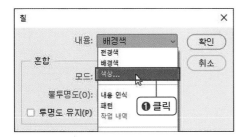

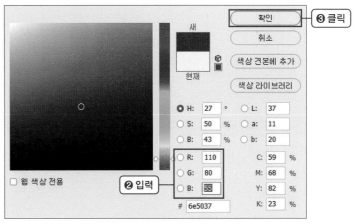

① 다시 한번 [칠] 대화상자가 나타나면 [확인] 버튼을 클릭합니다. ② 선택을 해제하기 위해 Ctrl + D 를 누른 후 레이어를 복사하기 위해 Ctrl + J 를 누릅니다. 이동 도구 ✛,를 선택한 후 복사된 선을 다음 그림과 같이 오른쪽으로 드래그합니다.

TIP 수평 이동, 수직 이동

이동 도구 ✛,를 이용해 객체를 이동할 경우 Shift 를 누른 채 이동하면 수평, 수직 45도 방향으로 움직일 수 있습니다.

메인 카피 만들기

랜딩 페이지 제작에서 가장 중요한 것은 '카피'입니다. 카피는 가독성이 좋아야 하고 문구가 눈에 띄어야 합니다. 수평 문자 도구 **T** 와 레이어 스타일을 이용해 랜딩 페이지의 핵심인 카피를 만들어 보겠습니다.

▲ 예제 파일(part02-03.psd)

▲ 완성 파일(part02-03c.psd)

01 글꼴 설치하기

❶ 글꼴을 설치하기 위해 sample 폴더의 part02 안에 있는 font 폴더를 연 후 3개의 파일을 선택하고 마우스
오른쪽 버튼을 클릭하면 나타나는 단축 메뉴 중에서 [복사]를 선택합니다. ❷ C 드라이브 Windows 폴더의
Fonts 폴더를 연 후 마우스 오른쪽 버튼을 클릭하면 나타나는 단축 메뉴 중에서 [붙여넣기]를 클릭합니다.
G마켓에서 제공하는 무료 폰트입니다.

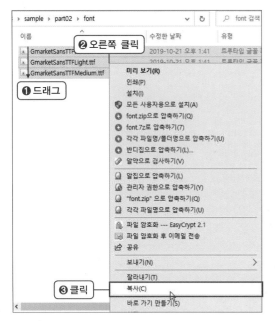
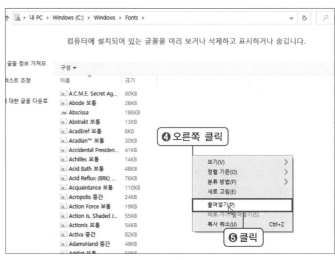

02 문자 입력하기

❶ 도구 상자의 수평 문자 도구 T 를 선택한 후 [폰트: G마켓 산스 TIF], [굵기: Medium], [크기: 36pt],
[색상: 흰색]으로 설정한 후 '지금 신청하면 임플란트＋잇몸맞춤 모두'를 입력합니다. ❷ 문자를 모두 선택
한 후 텍스트 중앙 정렬 틀 을 클릭합니다.

03 색상 설정하기

❶ '지금 신청하면'을 드래그해 선택한 후 상부의 텍스트 색상을 클릭합니다. ❷ [색상 피커(텍스트 색상)] 대화상자가 나타나면 색상 추출 위치를 클릭한 후 [확인] 버튼을 클릭합니다.

04 문자 완성하기

❶ 다시 한번 드래그해 '모두'를 선택합니다. 문자 속성을 변형하기 위해 수평 문자 도구 T 를 클릭하면 나타나는 대화상자에서 [문자] 항목을 선택합니다. [문자] 대화상자에서 [크기: 70pt], [줄 사이 간격: 70pt]로 설정합니다. ❷ 이동 도구 ⊕ 를 선택한 위치를 다시 한번 설정합니다.

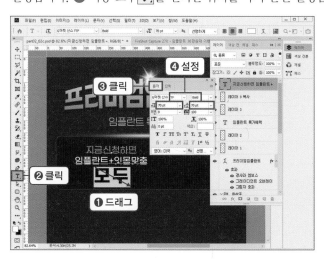

05 숫자 입력하기

❶ 수평 문자 도구 T 를 선택한 후 [폰트: G마켓 산스 TIF], [굵기: Bold], [크기: 170pt], [색상: 흰색]으로
설정한 후 '35'를 입력합니다. ❷ 이동 도구 ✛ 를 선택한 후 위치를 다시 한번 설정하고 레이어 팔레트에서
[프리미엄임플란트] 레이어를 선택한 다음 마우스 오른쪽 버튼을 클릭하면 나타나는 단축 메뉴 중에서 [레
이어 스타일 복사]를 선택합니다.

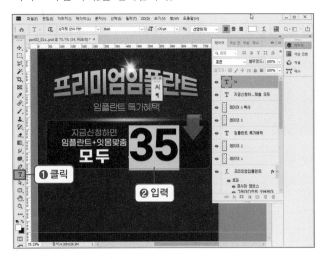
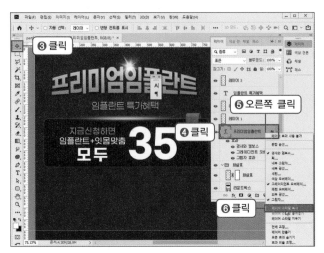

기준선 설정은 보통 위 첨자, 아래 첨자를 만들 때 주로 사용합니다. 각도, +, − 위 첨자를 사용할 때도 많이 사용합니다.

▲ 각도 표시 위 첨자

▲ 각도 표시 아래 첨자

06 레이어 스타일 붙여넣기

① 레이어 팔레트에서 [35] 레이어를 선택한 후 마우스 오른쪽 버튼을 클릭하면 나타나는 단축 메뉴 중에서 [레이어 스타일 붙여넣기]를 선택합니다. ② 다시 한번 수평 문자 도구 T 를 선택한 후 [폰트: G마켓 산스 TIF], [굵기: Medium], [크기: 36pt], [색상: 흰색]으로 설정하고 '만 원'을 입력합니다. ③ 이동 도구 ✛ 를 선택한 후 위치를 조정합니다.

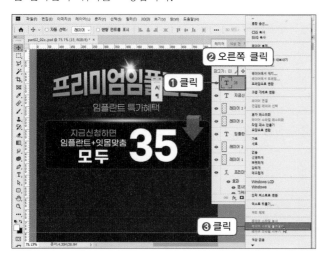

07 복사하기

① 레이어 팔레트에서 [제출] 그룹의 [레이어 가시성] 👁 을 클릭해 그룹 이미지를 보여 줍니다. ② 화살표 그룹 안에 있는 라운드 박스를 선택한 후 복사를 하기 위해 이동 도구 ✛ 를 선택합니다. Alt 를 누른 후 아래 방향으로 드래그해 객체를 복사합니다.

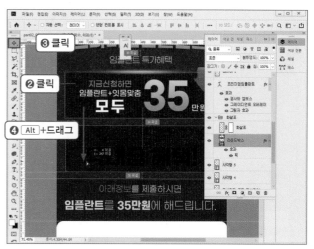

08 도형 그레이디언트 편집하기

❶ [라운드박스 복사] 레이어를 선택한 후 마우스 오른쪽 버튼을 클릭하면 나타나는 단축 메뉴 중에서 [레이어 스타일 붙여넣기]를 선택합니다. ❷ [라운드박스 복사] 레이어의 [그레이디언트 오버레이]를 더블클릭합니다. [그레이디언트 오버레이] 대화상자가 나타나면 [그레이디언트] 항목의 각도에 '−45'를 입력한 후 [확인] 버튼을 클릭합니다.

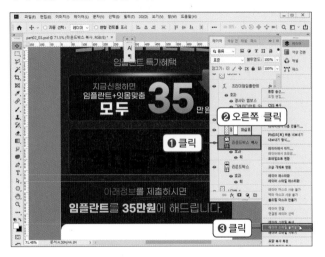
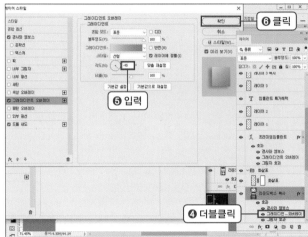

09 도형 만들기

❶ [제출] 레이어를 선택합니다. D를 눌러 전경색과 배경색을 초기화한 후 X를 눌러 전경색과 배경색을 전환합니다. ❷ 도형을 만들기 위해 도구 상자에서 다각형 도구를 선택한 후 '아래 정보~문자' 앞을 클릭합니다. [다각형 만들기] 대화상자가 나타나면 [폭: 25픽셀], [높이: 25픽셀], [면의 수: 3]을 입력한 후 [확인] 버튼을 클릭합니다.

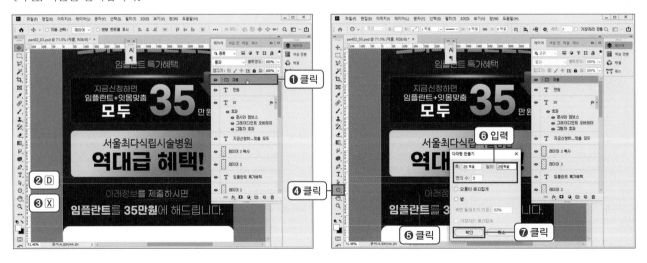

도구 상자의 맨 아래에 있는 전경색과 배경색 도구를 이용하면 전경색(Foreground Color)과 배경색(Background Color)을 설정할 수 있습니다.

• 기본 전경색과 배경색

전경색과 배경색을 초기화할 수 있습니다. 전경색은 검은색, 배경색은 흰색으로 설정합니다(단축키: D).

▲ 전경색, 배경색을 설정한 경우   ▲ D를 눌러 전경색, 배경색을 초기화한 경우

▲ 전경색, 배경색
   설정 도구

• 전경색과 배경색 전환

전경색과 배경색을 서로 전환합니다(단축키: X).

▲ 전경색, 배경색을 설정한 경우   ▲ X를 눌러 전경색과 배경색을 전환한 경우

10 회전하기

❶ 도형을 회전하기 위해 [편집] 메뉴의 [패스 변형]을 선택한 후 [시계 방향으로 90° 회전]을 선택합니다.

❷ 레이어를 복사하기 위해 Ctrl + J를 누릅니다.

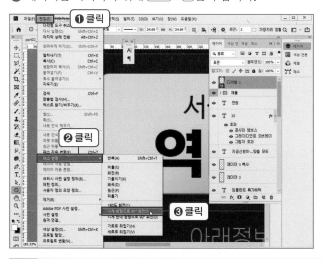

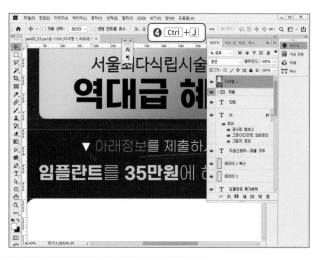

시계 방향으로 회전하는 것을 CW(Clock Wise), 시계 반대 방향으로 회전하는 것을 CCW(Counter Clock Wise)라고 합니다.

11 이동하기

① 이동 도구 를 선택한 후 복사된 삼각형 도형을 다음 그림과 같이 오른쪽으로 드래그합니다. ② 제출 그룹의 레이어 팔레트에서 [임플란트를 35만원~] 레이어를 선택한 후 레이어를 복사하기 위해 Ctrl + J 를 누릅니다.

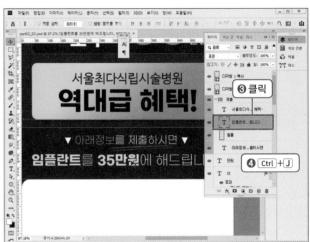

12 반사 이미지 만들기

① 복사된 레이어를 뒤집기 위해 [편집] 메뉴의 [변형]-[세로로 뒤집기]를 선택합니다. ② 이동 도구 를 선택한 후 다음 그림과 같이 아래 방향으로 드래그합니다.

13 글자 그레이디언트 편집하기

❶ 복사된 레이어의 불투명도를 '10%'로 설정합니다. ❷ D를 눌러 전경색과 배경색을 초기화합니다. 도구 상자에서 그레이디언트 도구█를 선택한 후 상부 옵션에서 그레이디언트 편집 ███▼을 클릭합니다. [그레이디언트 편집기] 대화상자가 나타나면 사전 설정에서 두 번째에 있는 [전경색에서 투명으로]를 선택한 후 [확인] 버튼을 클릭합니다.

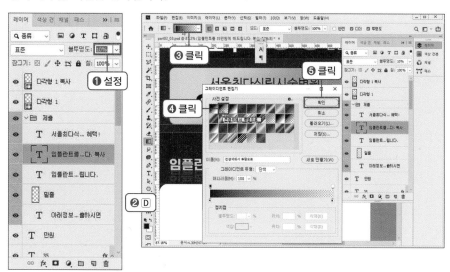

14 마스크 적용하기

❶ 마스크를 만들기 위해 레이어 팔레트 아래에 있는 [레이어 마스크 추가█]를 클릭합니다. ❷ 다음 그림과 같이 아래 방향에서 위 방향으로 드래그합니다.

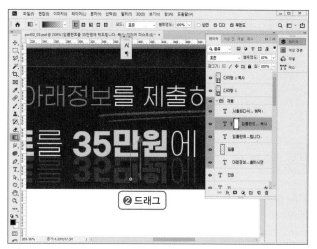

레이어 마스크 추가

레이어 팔레트에 있는 [레이어 마스크 추가] ▣ 의 흰색 영역은 현재 레이어 내용이 보이고 검은색 영역은 바로 아래에 있는 레이어 내용이 보이는 것입니다. 이미지를 합성할 때 많이 사용하는 기능입니다. 특히 맨 앞은 불투명, 맨 뒤는 투명 ▨▨▨▨✓ 그레이디언트를 함께 사용하면 좀 더 자연스러운 합성 사진을 만들 수 있습니다.

■ 레이어를 만든 경우

[하늘] 레이어 아래에 [교실] 레이어가 만들어진 경우

■ 레이어 마스크 추가 ▣ 를 적용한 경우

하늘 레이어를 선택한 후 [레이어 마스크 추가] ▣ 를 클릭하고 사각형 선택 윤곽 도구 ⬚ 를 이용해 맨 위는 검은색, 중간은 회색, 맨 아래는 흰색으로 채운 경우

신청하기 만들기

이벤트 랜딩 페이지에서 보다 중요한 것 중 하나가 고객의 정보를 수집하는 것입니다. 이번에는 이름, 나이, 핸드폰 번호를 만든 후 [신청하기] 버튼을 만들어 보겠습니다.

▲ 예제 파일(part02-04.psd)

▲ 완성 파일(part02-04c.psd)

01

모서리가 둥근 사각형 만들기

❶ 레이어 팔레트에서 [개인정보] 그룹의 [레이어 가시성] 👁 을 클릭해 그룹 이미지를 보여 준 후 txt 그룹을 선택합니다. 도형을 만들기 위해 모서리가 둥근 사각형 도구 ▢ 를 선택한 후 흰색 바탕 화면을 클릭합니다. ❷ [모서리가 둥근 사각형 만들기] 대화상자가 나타나면 [폭: 520픽셀], [높이: 90픽셀], [반경: 200픽셀](네 군데 모두)을 입력한 후 [확인] 버튼을 클릭합니다.

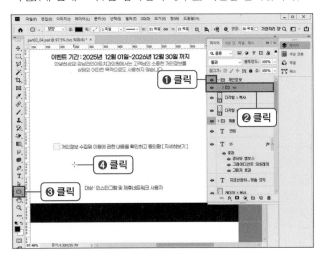

색상 변경하기

❶ 레이어 팔레트에서 [모서리가 둥근~사각형 2] 레이어의 레이어 축소판 을 더블클릭합니다. ❷ [색상 피커(단색)] 대화상자가 나타나면 [R: 220], [G: 50], [B: 30]을 입력한 후 [확인] 버튼을 클릭합니다.

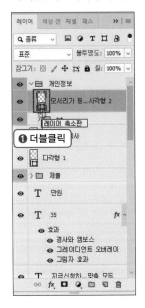

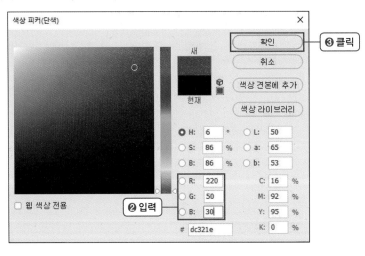

사각형, 모서리가 둥근 직사각형, 타원, 다각형, 선, 사용자 정의 모양으로 만든 도형의 경계선에 안내선을
만들고자 할 때는 [보기] 메뉴에 있는 모양에서 [새 안내선 만들기]를 선택합니다.

- ☐ 사각형 도구   U
- ◯ 모서리가 둥근 직사각형 도구   U
- ◯ 타원 도구   U
- ◯ 다각형 도구   U
- ╱ 선 도구   U
- ✿ 사용자 정의 모양 도구   U

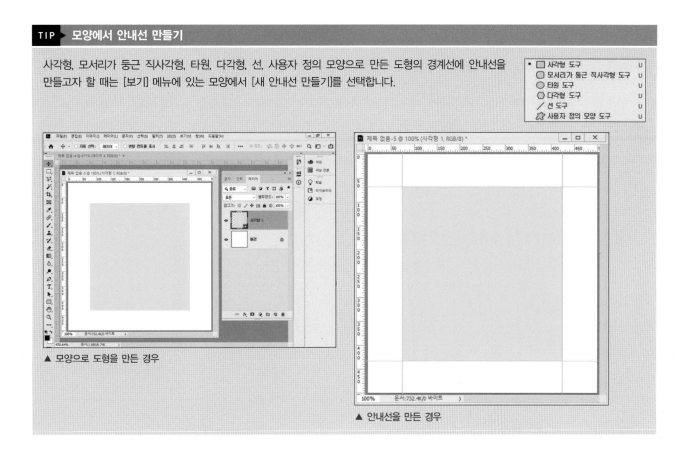

▲ 모양으로 도형을 만든 경우   ▲ 안내선을 만든 경우

03 사각형 정렬하기

❶ 도구 상자에서 이동 도구 ✛ 를 선택한 후 Ctrl 을 누른 채 맨 아래에 있는 [bg] 레이어를 선택합니다.

❷ 상부 옵션에 있는 수평 중앙 정렬 ▮을 선택한 후 다시 한번 [모서리가 둥근~사각형 2] 레이어를 선택
하고 다음 그림과 같이 드래그합니다.

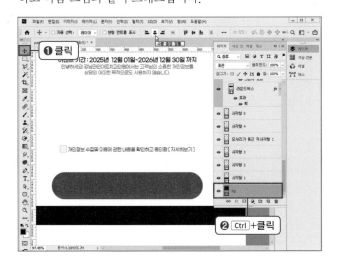
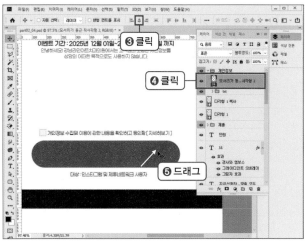

정렬과 분포

이동 도구 ⊕ 를 선택한 후 2개 이상의 레이어를 동시에 선택하면 상부 옵션에 6개의 정렬 아이콘과 2개의 분포 아이콘이 활성화됩니다. 이미지를 나란히 정렬할 수 있는 6가지 방법과 이미지 사이의 간격을 동일하게 정렬할 수 있는 2개의 분포에 대해 알아보겠습니다.

▲ 예제 파일(정렬.psd)

이동 도구 ⊕ 를 선택한 후 레이어 팔레트에서 Ctrl 을 누른 채 [1], [2], [3] 레이어를 순서대로 클릭해 3개의 레이어를 모두 선택합니다.

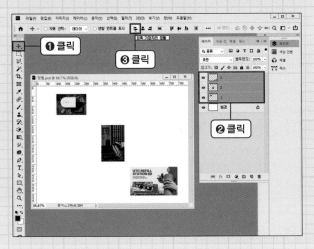

■ **왼쪽 가장자리 정렬 🖿**

왼쪽 가장자리 정렬🖿을 클릭합니다. 3개의 이미지가 가
장 왼쪽에 있는 이미지의 왼쪽 가장자리에 정렬된 것을 확
인할 수 있습니다.

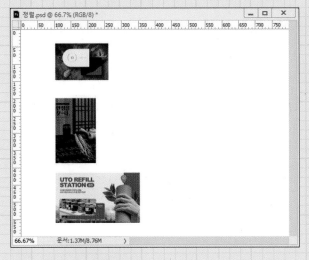

■ **오른쪽 가장자리 정렬 🖿**

Ctrl + Z 를 한 번 눌러 취소한 후 오른쪽 가장자리 정렬
🖿을 클릭합니다. 3개의 이미지가 가장 오른쪽에 있는 이
미지의 오른쪽 가장자리에 정렬된 것을 확인할 수 있습
니다.

■ **수평 가운데 정렬 🛉**

Ctrl + Z 를 한 번 눌러 취소한 후 수평 중앙 정렬🛉을 클
릭합니다. 3개의 이미지가 모두 수평 중앙으로 정렬된 것
을 확인할 수 있습니다.

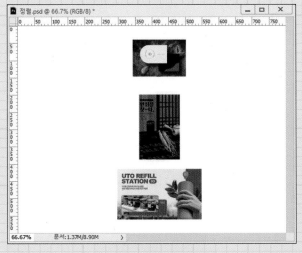

■ **수직 가운데 정렬 🛉**

Ctrl + Z 를 한 번 눌러 취소한 후 수직 가운데 정렬🛉을
클릭합니다. 3개의 이미지가 모두 수직 가운데로 정렬된
것을 확인할 수 있습니다.

■ 위쪽 가장자리 정렬 🏳

Ctrl+Z를 한 번 눌러 취소한 후 위쪽 가장자리 정렬🏳
을 클릭합니다. 3개의 이미지가 가장 위에 있는 이미지의
위쪽 가장자리에 정렬된 것을 확인할 수 있습니다.

■ 아래쪽 가장자리 정렬 🏳

Ctrl+Z를 한 번 눌러 취소한 후 아래쪽 가장자리 정렬
🏳을 클릭합니다. 3개의 이미지가 가장 아래에 있는 이미
지의 아래쪽 가장자리에 정렬된 것을 확인할 수 있습니다.

■ 세로로 분포 🗏

Ctrl+Z를 한 번 눌러 취소한 후 세로로 분포🗏를 클릭
합니다. 첫 번째 이미지의 하단, 두 번째 이미지의 상단 간
격 그리고 두 번째 이미지의 하단, 세 번째 이미지의 상단
간격이 동일해진 것을 확인할 수 있습니다.

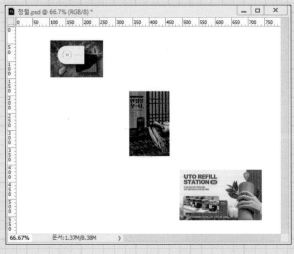

■ 가로로 분포 🔢

Ctrl+Z를 한 번 눌러 취소한 후 가로로 분포🔢를 클릭
합니다. 첫 번째 이미지의 오른쪽, 두 번째 이미지의 왼쪽
간격 그리고 두 번째 이미지의 오른쪽, 세 번째 이미지의
왼쪽 간격이 동일해진 것을 확인할 수 있습니다.

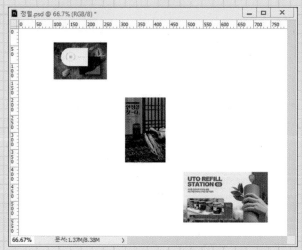

04 사각형 만들기

❶ 수평 문자 도구 T 를 선택한 후 [폰트: G마켓 산스 TIF], [굵기: Medium], [크기: 70pt], [색상: 흰색]으로 설정한 후 '신청하기'를 입력합니다. 다시 한번 '신청'을 드래그해 선택한 후 색상을 노란색으로 변경합니다. ❷ 이동 도구 ✛ 를 선택한 후 버튼의 가운데로 드래그합니다. 사각형 도구 ▢ 를 선택한 후 흰색 바탕을 클릭하고 [사각형 만들기] 대화상자가 나타나면 [폭: 570픽셀], [세로: 60픽셀]을 입력한 후 [확인] 버튼을 클릭합니다.

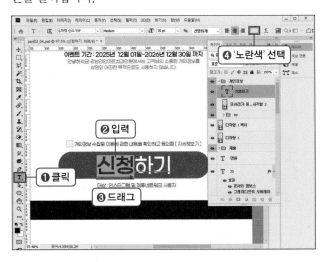

05 테두리 선 만들기

❶ 레이어 팔레트에서 [사각형 7] 레이어의 레이어 축소판을 더블클릭합니다. [색상 피커(단색)] 대화상자가 나타나면 [R: 255], [G: 250], [B: 255]를 입력한 후 [확인] 버튼을 클릭합니다. ❷ 사각형의 테두리선을 만들기 위해 [레이어] 메뉴의 [레이어 스타일]−[획]을 선택합니다.

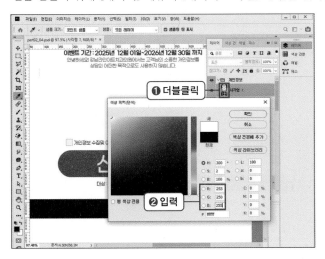
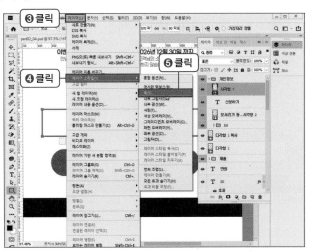

06 정렬하기

① [레이어 스타일] 대화상자에서 [획]–[구조] 항목의 [크기]에 '1px', [불투명도]에 '50%'를 입력한 후 색상을 검은색으로 설정하고 [확인] 버튼을 클릭합니다. ② 도구 상자에서 이동 도구 ⊹ 를 선택한 후 Ctrl 을 누른 채 맨 아래에 있는 [bg] 레이어를 클릭합니다. ③ 상부 옵션에 있는 수평 중앙 정렬 ⊹ 을 클릭합니다.

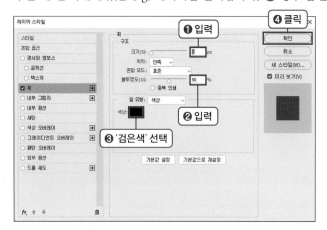

07 사각형 복사하기

① [사각형 7] 레이어를 클릭한 후 도형을 복사하기 위해 Alt 를 누른 채 다음 그림과 같이 아래 방향으로 드래그합니다. ② 다시 한번 [사각형 7 복사] 레이어를 클릭한 후 도형을 Alt 로 누른 채 다음 그림과 같이 아래 방향으로 드래그합니다.

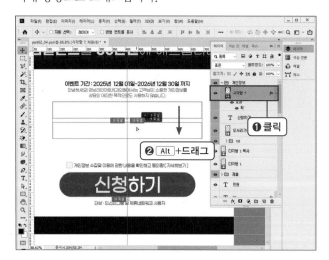

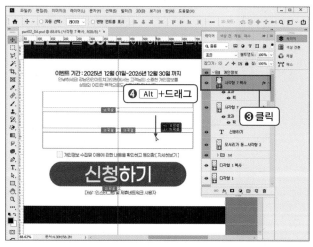

08 문자 입력하기

❶ 수평 문자 도구 T를 선택한 후 [폰트: G마켓 산스 TIF], [굵기: Medium], [크기: 30pt], [색상: 검은색]
으로 설정한 후 다음 그림과 같이 '이름', '나이', '번호'를 입력합니다. 문자를 드래그해 모두 선택한 후 [창]
메뉴에서 [문자]를 선택하면 나타나는 [문자] 대화상자에서 행간 설정에 '70pt'를 입력합니다. ❷ 이동 도
구 ✛를 이용해 [이름], [나이], [번호] 레이어를 다음 그림과 같이 이동시킵니다.

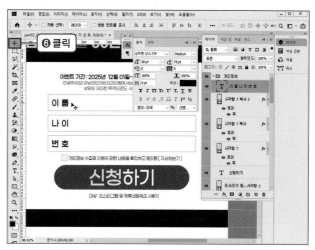

09 선택하기

❶ 새로운 레이어를 만들기 위해 Ctrl + Shift + N을 누릅니다. [새 레이어] 대화상자가 나타나면 이름
에 '세로선'을 입력한 후 [확인] 버튼을 누릅니다. ❷ 세로 1픽셀을 선택하기 위해 단일 열 선택 윤곽 도구
▒를 선택한 후 다음 그림과 같이 위치를 설정합니다.

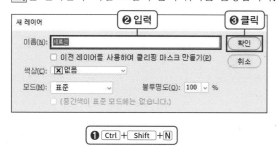
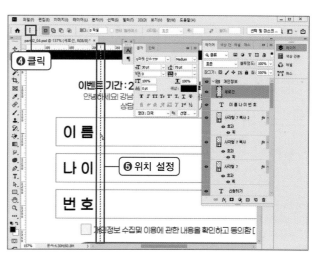

10 색상 채우기

❶ 도구 상자에서 사각형 선택 윤곽 도구 [::]를 선택한 후 교집합을 선택하기 위해 상부 옵션에서 선택 영역과 교차 [⬕]를 클릭하고 다음 그림과 같이 사각형을 만듭니다. ❷ 색을 채우기 위해 [편집] 메뉴의 [칠]을 선택하면 나타나는 [칠] 대화상자에서 [내용] 항목을 '검정'으로 설정한 후 [확인] 버튼을 클릭합니다. 선택을 해제하기 위해 Ctrl + D를 누릅니다.

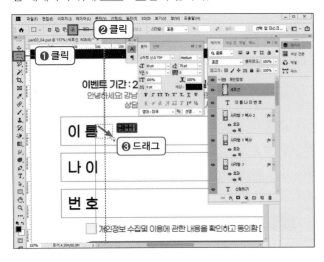

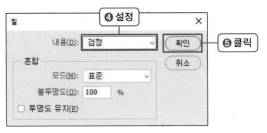

11 세로선 복사하기

❶ 도형을 복사하기 위해 [세로선] 레이어를 클릭한 후 Alt 를 누른 채 세로선을 다음 그림과 같이 아래 방향으로 드래그합니다. ❷ [세로선 복사] 레이어를 클릭한 후 Alt 를 누른 채 세로선을 다음 그림과 같이 아래 방향으로 드래그합니다.

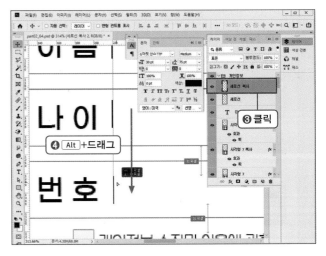

신청 현황 만들기

일반적으로 이벤트 랜딩 페이지에서는 [신청 현황]이 마지막 단계에 만들어집니다. [신청하기]에서 입력된 정보가 리스트로 나타나는 것입니다. 이번에는 문자와 사각형, 말풍선을 이용해 [신청 현황]을 만들어 보겠습니다.

▲ 예제 파일(part02-05.psd)

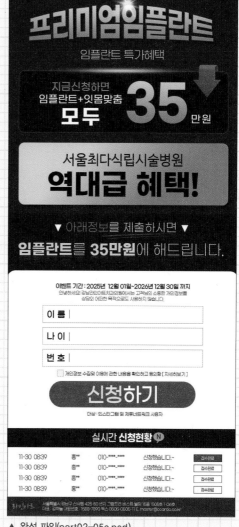

▲ 완성 파일(part02-05c.psd)

01 신청현황 입력하기

❶ 레이어 팔레트에서 [copy] 그룹을 선택한 후 수평 문자 도구 T 를 선택하고 [폰트: G마켓 산스 TIF], [굵기: Medium], [크기: 36pt], [색상: 흰색]으로 설정하고 '실시간 신청현황'을 입력합니다. ❷ 다시 한번 '신청현황'을 드래그해 선택한 후 문자 팔레트에서 글꼴 스타일을 [Bold]로 설정합니다.

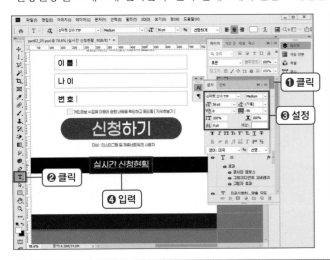 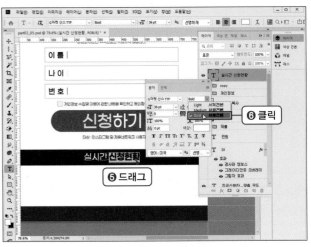

TIP 문자 팔레트

문자 팔레트가 보이지 않는다면 [창] 메뉴의 [문자]를 선택하면 됩니다.

02 모양 만들기

❶ 다시 한번 문자 전체를 드래그해 선택한 후 문자 팔레트에서 문자 폭에 '90%'를 입력합니다. ❷ 이동 도구 ⊕ 를 선택한 후 문자를 좌우 가운데로 드래그하고 사각형 도구 상자 ▢ 에서 [사용자 정의 모양 도구 ✿]를 선택합니다.

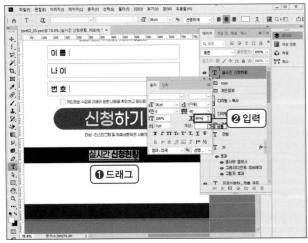 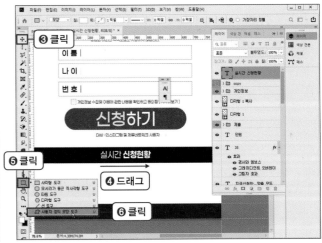

03 말풍선 만들기

① 모양 팔레트에서 말풍선 모양을 선택합니다. ② 다음 그림처럼 드래그해 말풍선을 만듭니다.

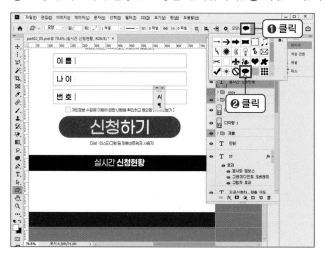

04 문자 입력하기

① 색상을 변경하기 위해 레이어 팔레트에서 [모양 1] 레이어의 레이어 축소판🔲을 더블클릭합니다. [색상 피커(단색)] 대화상자가 나타나면 [R: 220], [G: 180], [B: 140]을 입력한 후 [확인] 버튼을 클릭합니다.
② 수평 문자 도구 T 를 선택한 후 [폰트: G마켓 산스 TIF], [굵기: Medium], [크기: 20pt], [색상: 검은색]으로 설정하고 'N'을 입력합니다. 이동 도구 ⊕ 를 선택한 후 문자를 말풍선의 가운데로 드래그합니다.

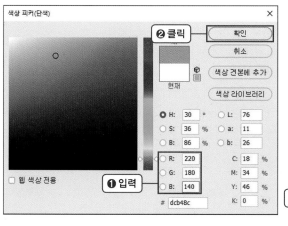

05 사각형 만들기

① 수평 문자 도구 T를 선택한 후 [폰트: G마켓 산스 TIF], [굵기: Light], [크기: 20pt], [색상: 검은색]으로 설정하고 '11-30~신청했습니다.~'를 입력합니다. ② 도형을 만들기 위해 도구 상자에서 사각형 도구 □를 선택한 후 흰색 바탕을 더블클릭합니다. [사각형 만들기] 대화상자가 나타나면 [폭: 100픽셀], [높이: 25픽셀]을 입력한 후 [확인] 버튼을 클릭합니다.

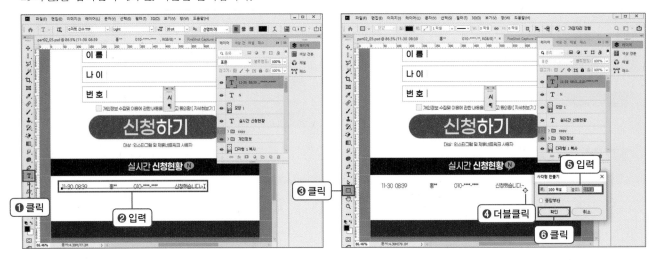

06 테두리 선 만들기

① 색상을 변경하기 위해 레이어 팔레트에서 [사각형 8] 레이어의 레이어 축소판▧을 더블클릭합니다. [색상 피커(단색)] 대화상자가 나타나면 [R: 200], [G: 50], [B: 40]을 입력한 후 [확인] 버튼을 클릭합니다. ② 테두리 선을 만들기 위해 [레이어] 메뉴의 [레이어 스타일]-[획]을 선택합니다. [레이어 스타일] 대화상자가 나타나면 [획]-[구조] 항목의 [크기]에 '1px', [불투명도]에 '100%'를 입력한 후 [색상]을 '검은색'으로 설정한 다음 [확인] 버튼을 클릭합니다.

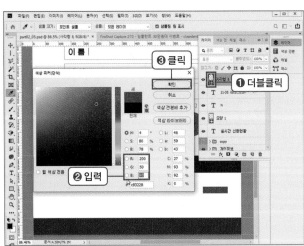

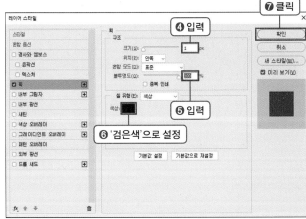

07 접수완료 입력하기

❶ 이동 도구 ✛ 를 선택한 후 다음 그림과 같이 사각형의 위치를 조정합니다. ❷ 수평 문자 도구 T 를 선택한 후 [폰트: G마켓 산스 TIF], [굵기: Light], [크기: 14pt], [색상: 흰색]으로 설정하고 '접수완료'를 입력합니다.

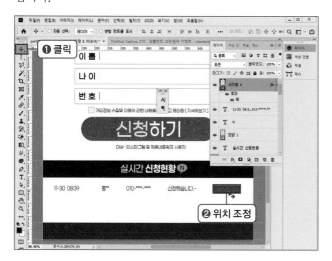 

08 정렬하고 그룹 만들기

❶ 이동 도구 ✛ 를 선택한 후 Ctrl 을 누른 채 [사각형 8] 레이어를 클릭합니다. 상부 옵션에서 수평 중앙 정렬 ✚ 을 클릭한 후 다시 한번 수직 가운데 정렬 ✚ 을 눌러 문자를 사각형 가운데에 배치합니다. ❷ 다시 한번 Ctrl 을 누른 후 [11-30~신청했습니다.~]를 클릭합니다. 레이어 팔레트의 아래에 있는 [새 그룹 만들기] ◻ 를 클릭합니다.

❶ 그룹의 이름을 변경하기 위해 [그룹 1]을 더블클릭합니다.
❷ '현황'을 입력한 후 Enter 를 누릅니다.

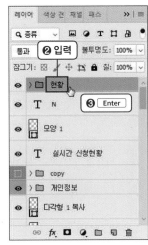

❶ 그룹을 복사하기 위해 Alt 를 누른 후 현황 그룹을 다음 그림과 같이 아래 방향으로 드래그합니다.
❷ [현황 복사] 그룹에 있는 [접수완료] 레이어를 선택합니다. D 를 눌러 전경색과 배경색을 초기화하고
Alt + Delete 를 눌러 전경색으로 변경합니다.

Special TIP — 투명도 유지

[칠] 대화상자의 [투명도 유지]는 현재 레이어의 이미지 영역에만 색이 채워지는 것을 의미합니다. [칠] 대화상자의 투명도 유지와 레이어 팔레트 의 [투명 픽셀 잠그기]는 같은 기능입니다.

① '투명도유지.psd'를 연 후 사각형 선택 윤곽 도구 를 선택하고 사각형 모양을 선택합니다. [편집] 메뉴의 [칠]을 선택하면 나타나는 [칠] 대화상자에서 [내용] 항목을 [색상...]으로 설정한 후 [색]을 [분홍색]으로 설정하고 [투명도 유지]의 체크 표시를 해제한 다음 [확인] 버튼을 클릭합니다.

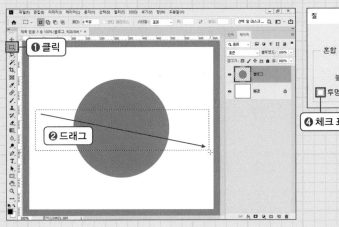

❷ 사각 영역 모두 색이 채워진 것을 확인할 수 있습니다. Ctrl + Z 를 눌러 [채우기]를 취소한 후 다시 한번 [편집] 메뉴에서 [칠]을 선택하면 나타나는 [칠] 대화상자에서 [투명도 유지]에 체크 표시를 하고 [확인] 버튼을 클릭합니다.

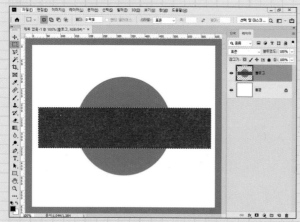

❸ 블로그 레이어의 원형에만 색상이 채워진 것을 확인할 수 있습니다.

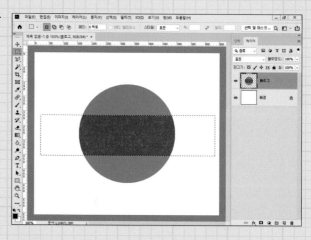

11 그룹 복사하기

❶ [사각형 8] 레이어를 선택한 후 Ctrl + Delete 를 눌러 배경색으로 변경합니다. ❷ [현황 복사] 그룹을
다음 그림과 같이 2개 더 복사합니다.

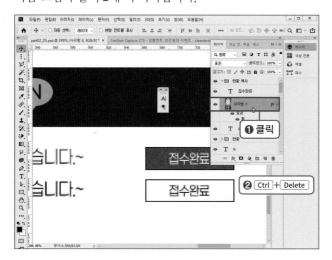

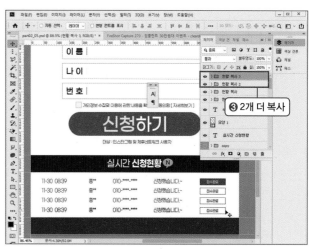

12 그룹 보여 주기

[copy] 그룹의 레이어 가시성 👁 을 클릭해 이미지 하단의 문
자를 보여 줍니다.

지금까지 치과에서 이벤트로 사용하는 랜딩 페이지 이미지를
만들어 봤습니다. 이제 html 코딩, css, 프로그램을 적용해 웹
사이트로 만들어 주면 됩니다.

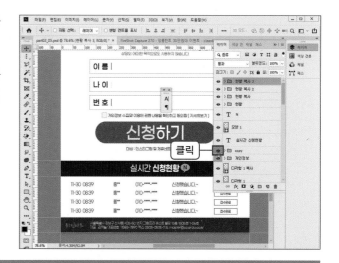

TIP ▶ 펜 태블릿으로 캘리그래피 만들기

포토샵을 이용한 손글씨를 좀 더 자연스럽게 표현하려면 태블릿을 사용하는 것이 좋습니다. 펜을 이
용해 글씨를 쓰기 때문에 선의 굵기와 압력을 자연스럽게 조절할 수 있습니다. 필자가 사용하는 펜
태블릿은 'Wacom Intuos Swith Bluetooth'입니다.

▲ 필자가 사용하는 펜 태블릿

선 패턴 만들기

다양한 홍보 이미지를 만들 때 사진 위에 선 패턴을 채우는 경우가 있습니다. 이 경우에는 패턴을 만들어 사진 위에 채워 주면 됩니다.

❶ [파일] 메뉴의 [열기]를 선택해 'line.png'를 연 후 Ctrl+A를 눌러 전체 영역을 선택하고 패턴을 만들기 위해 [편집] 메뉴의 [패턴]을 선택합니다. [패턴 이름] 대화상자가 나타나면 [이름] 항목에 '라인패턴'을 입력한 후 [확인] 버튼을 클릭합니다.

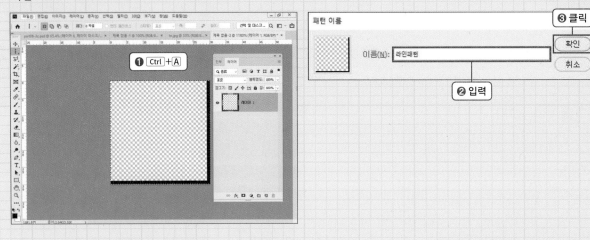

❷ 'tn.jpg'를 연 후 새로운 레이어를 만들기 위해 Ctrl+Shift+N을 누릅니다. 그런 다음 [새 레이어] 대화상자에서 [이름] 항목에 [패턴]을 입력하고 [확인] 버튼을 클릭합니다. 패턴을 채우기 위해 [편집] 메뉴의 [칠]을 선택합니다. [칠] 대화상자가 나타나면 [내용] 항목의 [패턴]을 선택합니다.

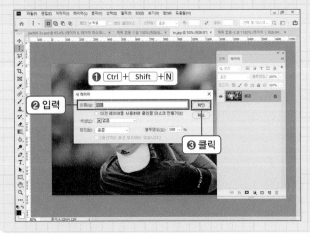

❸ [옵션]-[사용자 정의 패턴] 항목에서 새로 만든 '라인 패턴'을 선택한 후 [혼합] 항목의 [투명도 유지]에 있는 체크 표시를 해제하고 [확인] 버튼을 클릭합니다.

❶ 클릭

❸ 클릭
❷ 체크 표시 해제

❹ 패턴이 채워진 것을 확인할 수 있습니다. [패턴] 레이어의 [불투명도]를 조절한 후 이미지를 저장해 사용하면 됩니다.

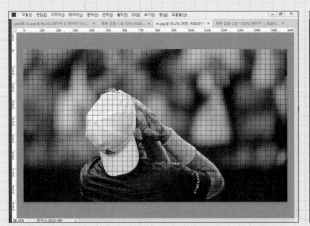

TIP ▶ **최근 캘리그래피 작품**

다음은 최근 필자가 작업한 숯불갈비 무한리필 프랜차이즈 본사 매장의 로고와 슬로건들로, 신규 브랜드 런칭 기념으로 선물한 작품입니다.

▲ 캘리그래피 로고

▲ 매장 내부의 벽면 슬로건 1

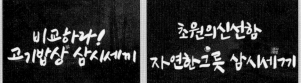
▲ 매장 내부의 벽면 슬로건 2

▲ 직원 단체복 슬로건

자동 선택 도구 의 허용치는 클릭한 부분과 비슷한 색의 범위를 의미합니다. 0부터 255까지 설정할 수 있으며 수치가 클수록 더 많은 영역을 선택할 수 있습니다.

▲ [허용치]에 '50'을 입력한 후 픽셀을 클릭한 경우

▲ 선택 결과

▲ [허용치]에 '70'을 입력한 후 픽셀을 클릭한 경우

▲ 선택 결과

선택 수정에 대해

선택 영역을 수정할 수 있습니다.

- [테두리]: 설정한 값만큼 안쪽으로 1/2, 바깥쪽으로 1/2을 선택하는 것입니다.
- [매끄럽게]: 설정한 값만큼 모서리를 둥그렇게 선택하는 것입니다.
- [확대]: 설정한 값만큼 바깥쪽으로 선택하는 것입니다.
- [축소]: 설정한 값만큼 안쪽으로 선택하는 것입니다.
- [페더]: 설정한 값만큼 모서리를 둥그렇게 선택하는 것입니다. [매끄럽게]와의 차이는 색상을 채웠을 때 경계가 흐려지는 것입니다.

```
테두리(B)...
매끄럽게(S)...
확대(E)...
축소(C)...
페더(F)...    Shift+F6
```

▲ 선택 수정 옵션

- [문자]를 선택한 경우

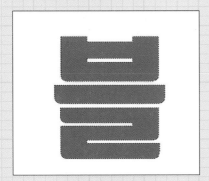

- [테두리]를 설정한 경우

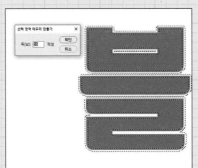

- [매끄럽게]를 설정한 경우

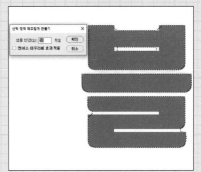

- [확대]를 설정한 경우

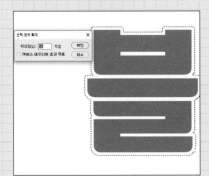

- [축소]를 설정한 경우

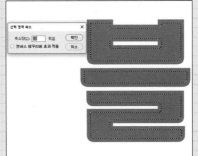

- [페더]를 설정한 경우

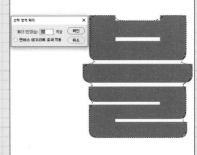

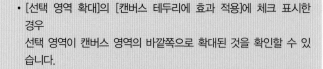

TIP 캔버스 테두리에 효과 적용

선택 수정의 [매끄럽게], [확대], [축소], [페더]에는 [캔버스 테두리에 효과 적용]이라는 것이 있습니다. 이는 캔버스 전체를 선택했을 때 캔버스 테두리에도 효과를 적용하겠다는 의미입니다.

• 캔버스 전체를 선택한 경우
  Ctrl+A를 눌러 캔버스 전체를 선택합니다.

• [선택 영역 확대]의 [캔버스 테두리에 효과 적용]에 체크 표시한 경우
  선택 영역이 캔버스 영역의 바깥쪽으로 확대된 것을 확인할 수 있습니다.

TIP

가우시안 흐림 효과

가우시안(Gaussian) 흐림(Blur) 효과는 영문으로 'Gaussian Blur'입니다. 수학자 가우스(Gauss)가 만든 곡선 방정식에 의해 계산된 곡선 값으로 움직이면서 이미지를 흐리게 만드는 것입니다. 반경 값이 클수록 흐림 효과가 강하며 0.1부터 1000까지 설정할 수 있습니다.

■ 반경 0.1

흐림 효과 강도인 반경 0.1은 흐림 효과가 거의 나타나지 않습니다.

■ 반경 5

이미지가 약간 흐리게 보일 정도로 흐림 효과가 나타납니다. 하지만 반경 값은 이미지의 해상도에 따라 다르게 나타날 수 있습니다.

■ 반경 20

이미지가 거의 보이지 않을 정도로 흐림 효과가 나타납니다. 이미지의 해상도에 따라 다르게 나타날 수 있습니다.

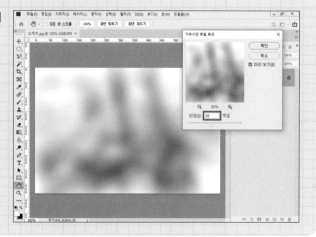

Part 03

디저트 카페 창업
랜딩 페이지 만들기

페이스북, 인스타그램, 트위터, 카카오톡 등 각종 SNS에 마케팅 목적으로 사용되는 랜딩 페이지 중 많은 부분을 차지하는 것이 창업 분야일 것입니다. 3부에서는 신규 창업자를 모집하기 위해 각종 SNS, 포털 사이트에서 홍보하는 이미지를 만들어 보겠습니다.

대표 이미지 만들기

마케팅용으로 사용하기 위한 랜딩 페이지의 대표 이미지를 핸드폰으로 촬영한 사진을 편집해 만들어 보겠습니다.

▲ 예제 파일(part03-01.psd)

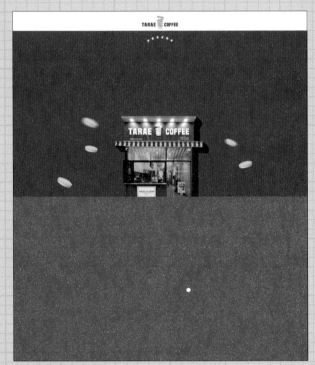

▲ 완성 파일(part03-01c.psd)

01 선택하기

❶ [파일] 메뉴의 [열기]를 선택한 후 '매장전경.jpg'를 엽니다. 핸드폰으로 직접 촬영한 사진입니다. 다각형 올가미 도구 ⟩를 선택한 후 [시작점]을 클릭합니다. ❷ 시계 방향으로 매장의 윤곽선을 선택한 후 다시 시작점을 다시 클릭해 선택을 종료합니다.

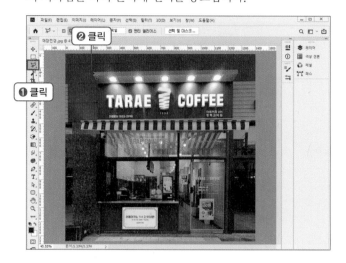
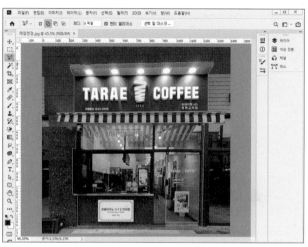

02 안내선 만들기

❶ Ctrl + Shift + J를 눌러 선택한 영역을 레이어로 분리합니다. ❷ 눈금자가 보이지 않는다면 Ctrl + R을 눌러 눈금자를 보이게 하고 위에 있는 눈금자를 다음 그림과 같이 아래로 드래그합니다.

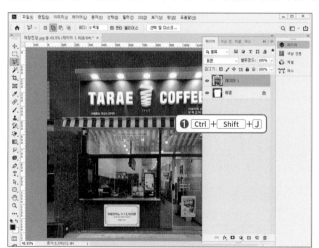
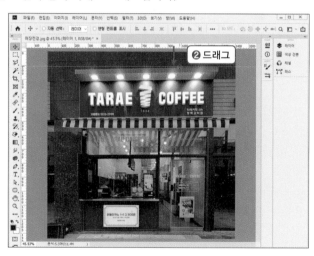

03 왜곡하기

❶ 다시 한번 왼쪽 눈금자에서 두 번 드래그해 안내선을 만듭니다. ❷ 이미지를 변형하기 위해 [편집]-
[변형]-[왜곡]을 선택합니다.

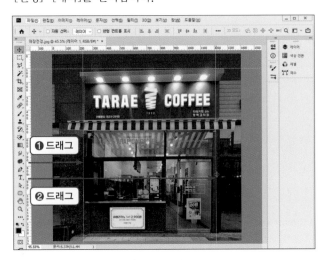

04 수평, 수직 맞추기

❶ 안내선을 참조해 왼쪽 상단 조절점을 위로 드래그해 수평을 맞춥니다. ❷ 왼쪽 하단 조절점을 좌우로
드래그해 매장 왼쪽 세로 벽을 수직으로 만듭니다. 이와 마찬가지로 우측 하단의 조절점을 좌우로 드래그
해 매장 우측 세로 벽을 수직으로 만듭니다.

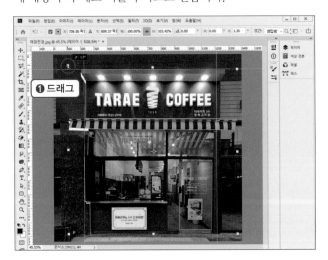
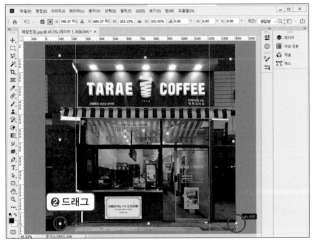

[편집] 메뉴에 있는 [변형] 중 [왜곡]은 8개의 조절점을 이용해 자유롭게 왜곡할 수 있습니다. 이미지를 왜곡하는 경우 외에 왜곡된 이미지를 자연스럽게 만드는 경우에도 사용할 수 있습니다.

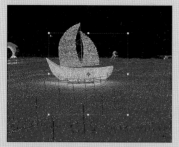

▲ 사각형 영역을 선택한 후 [변형]을 선택하면 8개의 조절점이 나타납니다.

▲ 왼쪽 상단의 조절점을 바깥 방향으로 이동한 경우

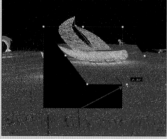

▲ 아래 가운데 조절점을 이동한 경우

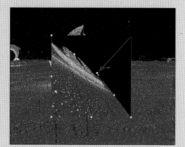

▲ 우측 상단 조절점을 안쪽 방향으로 이동한 경우

05 붙여넣기

❶ 이미지 전체를 선택하기 위해 Ctrl + A를 누릅니다. 선택 영역을 복사하기 위해 Ctrl + C를 누릅니다.

❷ part03_1.psd를 엽니다.

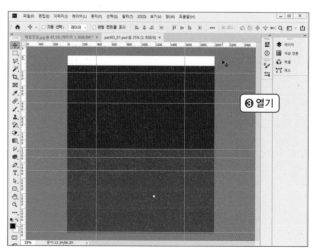

06 크기 줄이기

① 레이어 팔레트에서 [1] 그룹 레이어의 [로고], [별], [동전] 레이어의 가시성 👁 을 클릭해 활성화한 후
[레이어 705] 레이어를 선택합니다. 그런 다음 복사한 이미지를 붙여넣기 위해 Ctrl + V 를 누릅니다.
② 이동 도구 ✛ 를 선택한 후 크기를 조절하기 위해 Ctrl + T 를 누르고 다음 그림과 같이 크기와 위치를
줄인 후 Enter 를 누릅니다.

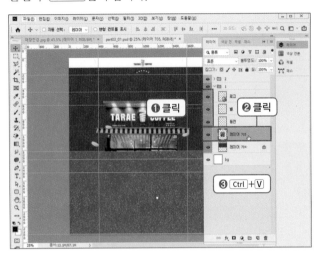
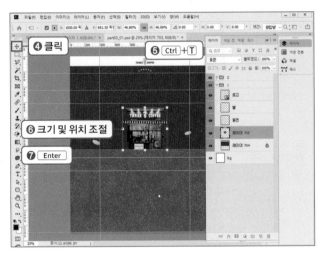

07 색 채우기

① 레이어를 복사하기 위해 Ctrl + J 를 누릅니다. ② [레이어 705 복사] 레이어를 선택합니다. 색을 채우
기 위해 [편집] 메뉴의 [칠]을 선택하면 나타나는 [칠] 대화상자에서 [투명도 유지]에 체크 표시를 합니다.

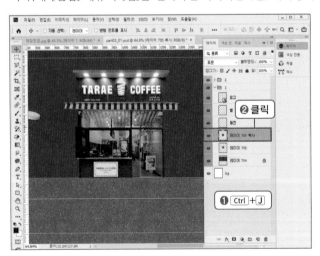
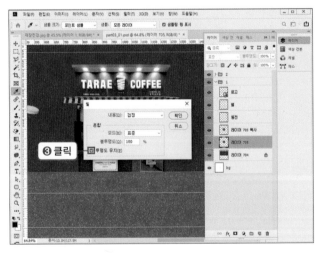

08 색상 설정하기

❶ [내용] 항목에서 [색상...]을 선택합니다. ❷ [색상 피커(칠 색상)] 대화상자가 나타나면 [R: 20], [G: 20], [B: 20]을 입력한 후 [확인] 버튼을 클릭합니다.

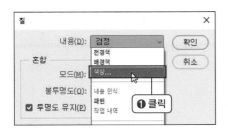

09 레이어 선택하기

❶ 다시 [칠] 대화상자가 나타나면 [확인] 버튼을 클릭합니다. ❷ Ctrl 을 누른 후 [레이어 705 복사], [레이어 705]를 클릭해 2개의 레이어를 선택합니다.

10 회전하기

① 선택한 객체를 자유롭게 변경하기 위해 [Ctrl]+[T]를 누른 후 상부 옵션의 회전 ⊿에 '45'를 입력하고 [Enter]를 누릅니다. ② [레이어 705] 레이어를 선택합니다.

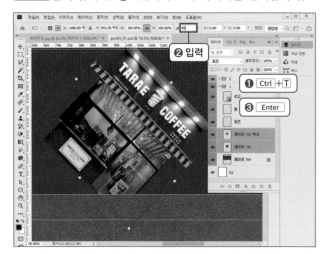

기준점(참조점) 이동하기

[편집] 메뉴에 있는 [변형]에서 [비율], [회전], [기울기], [왜곡], [원근]을 적용하면 기준점을 이동할 수 있습니다.

■ 기준점 이동하기

사각형 선택 윤곽 도구 를 선택해 변형하기 위한 영역을 선택합니다. 자유 변형을 위해 Ctrl +T 를 누릅니다. 상부 옵션에서 참조점 전환 에 체크 표시를 합니다. 참조점 위치 인 좌측 하단을 클릭합니다.

■ 회전하기

상부 옵션에 있는 회전 에 '10'을 입력합니다. 다시 참조점 위치 인 우측 하단을 클릭한 후 회전 에 '- 30'을 입력 합니다. 참조점이 변형의 기준이 돼 회전되는 것입니다.

11 레이어 복사하기

① 이미지를 1픽셀씩 복사하기 위해 `Ctrl` + `Alt` 를 누른 채 `↓`를 60번 눌러 복사합니다. **②** [레이어 705 복사] 레이어를 클릭합니다.

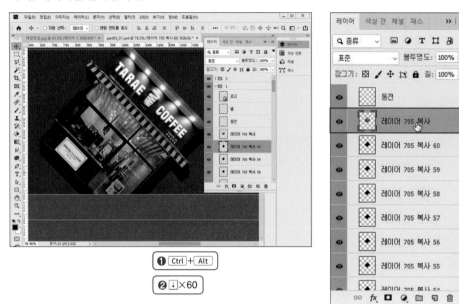

① `Ctrl` + `Alt`

② `↓`×60

③ 클릭

12 반대로 회전하기

① 레이어를 다중 선택하기 위해 `Shift` 를 누른 후 [레이어 705] 레이어를 클릭합니다. **②** 선택한 객체를 자유롭게 변형하기 위해 `Ctrl` + `T`를 누른 후 상부 옵션 회전 △에 '- 45'를 입력하고 `Enter` 를 누릅니다.

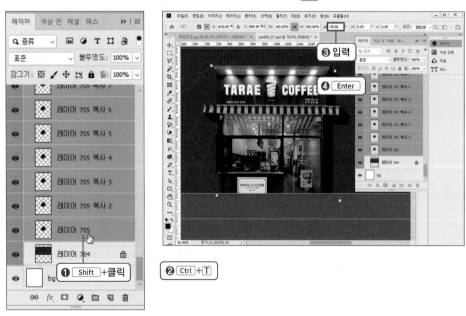

① `Shift` +클릭

② `Ctrl` + `T`

③ 입력

④ `Enter`

13 레이어 혼합하기

❶ [레이어 705 복사] 레이어를 선택한 후 Ctrl+J를 눌러 레이어를 복사합니다. ❷ [레이어 705 복사 61] 레이어의 혼합 모드를 [스크린]으로 설정한 후 [불투명도]를 '30%'로 설정합니다.

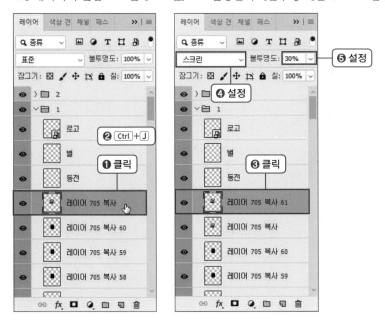

14 이미지 복사하기

❶ [동전] 레이어를 선택합니다. 사각형 선택 윤곽 도구를 선택한 후 다음 그림과 같이 왼쪽 아래에 있는 동전을 선택합니다. ❷ 이미지를 복사하기 위해 이동 도구를 선택한 후 Alt를 누른 채 위쪽 방향으로 드래그합니다. 선택을 해제하기 위해 Ctrl+D를 누릅니다.

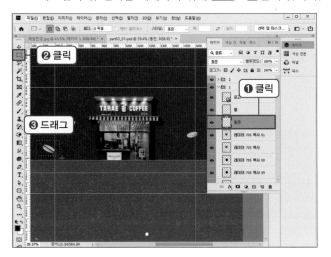
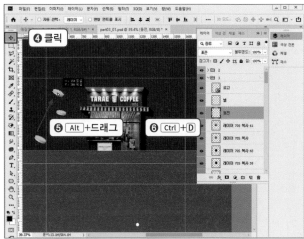

스크린 모드와 곱하기 모드

[브랜딩] 모드에서 [스크린] 모드는 현재 레이어와 아래 레이어 중에서 흰색만을 추출해 합성하는 것이고 [곱하기] 모드는 현재 레이어와 아래 레이어 중에서 검은색만을 추출해 합성하는 것입니다. 검은색, 흰색으로만 구성된 이미지가 아닌 일반 사진을 적용할 경우, [스크린] 모드는 밝게, [곱하기] 모드는 어둡게 합성됩니다.

• 배경 레이어 위에 [블랙 & 화이트] 레이어가 있으며 [블랙 & 화이트] 레이어에는 검은색 원과 흰색 원이 있습니다.

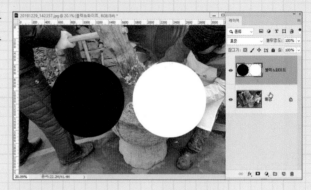

• [블랙 & 화이트]의 [레이어 브랜딩] 모드를 [곱하기]로 변경합니다. [블랙 & 화이트] 레이어에서 흰색 원은 100% 투영되고 검은색 원은 100% 노출됩니다.

• [블랙 & 화이트]의 [레이어 브랜딩] 모드를 [스크린]으로 변경합니다. [블랙 & 화이트] 레이어에서 흰색 원은 100% 노출되고 검은색 원은 100% 투영됩니다.

15 역동성 주기

❶ 사각형 선택 윤곽 도구 를 선택해 복사된 동전을 선택합니다. ❷ 역동성을 가미하기 위해 [필터] 메뉴의 [흐림 효과]–[동작 흐림 효과]를 선택한 후 [동작 흐림 효과] 대화상자가 나타나면 [각도: 0], [거리: 30]을 입력하고 [확인] 버튼을 클릭합니다.

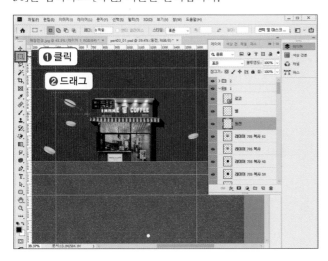

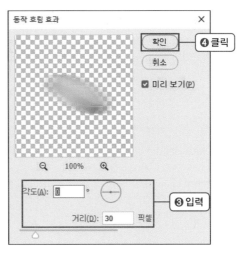

16 복사하고 변형하기

❶ 이미지를 복사하기 위해 이동 도구 를 선택한 후 Alt 를 누른 채 오른쪽 방향으로 드래그합니다. 선택을 해제하기 위해 Ctrl + D 를 누릅니다. ❷ 선택한 객체를 자유롭게 변형하기 위해 Ctrl + T 를 누른 후 크기를 조금 줄이고 Enter 를 누릅니다. Ctrl + D 를 눌러 선택을 해제합니다.

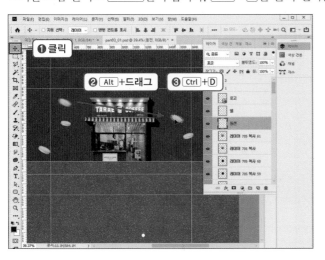

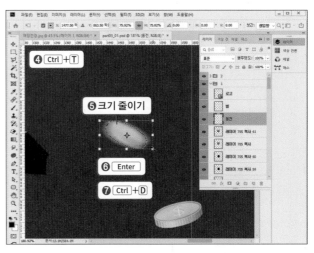

동작 흐림 효과

동작 흐림 효과(Motion Blur)는 각도를 입력해 방향을 설정하거나 거리 값을 설정해 흐림의 정도를 만들 수 있는 흐림 효과 중 하나입니다. 자동차, 자전거, 오토바이, 퀵 보드, 사람 등이 달리는 동작을 표현할 때 주로 사용됩니다.

- 각도: 흐림 효과의 방향을 설정합니다.
- 거리: 흐림 효과의 거리를 설정합니다.

▲ [동작 흐림 효과] 대화상자

- 원본 레이어를 선택한 후 [각도: 5], [거리: 200]을
  설정한 경우

▲ mblur.psd

- 원본 레이어를 오른쪽으로 이동한 경우

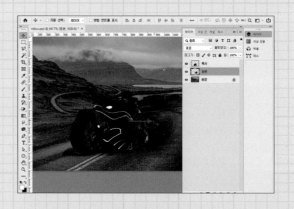

- 원본 레이어를 선택한 후 [각도: -20], [거리: 100]을
  설정한 경우

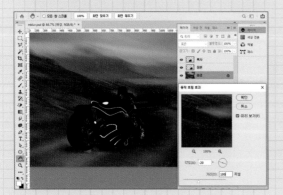

- 원본 레이어를 선택한 후 [각도: 90], [거리: 200]을
  설정한 경우

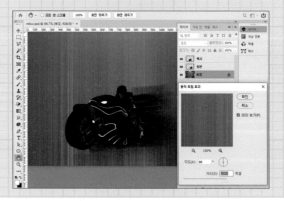

카피라이트 만들기

카피라이트는 마케팅 랜딩 페이지에서 고객으로 전환할 수 있는 요소이기 때문에 매우 중요합니다. 카피라이트의 내용도 중요하지만 색상, 크기, 효과 등도 중요합니다. 이번에는 카피라이트를 만들어 보겠습니다.

▲ 예제 파일(part03-02.psd)

▲ 완성 파일(part03-02c.psd)

01 문자 입력하기

❶ [동전] 레이어를 선택한 후 타이틀을 입력하기 위해 도구 상자에서 수평 문자 도구 T를 선택하고 '매출 잘 나오는 매장! 이유가 있다!'를 입력합니다. 문자의 위치는 독자마다 다를 수 있습니다. ❷ 문자를 드래그 해 모두 선택한 후 수정을 하기 위해 [창] 메뉴의 [문자]를 선택합니다. [문자] 팔레트에서 [글꼴: G마켓 산 스 TIF], [크기: 60pt]로 설정한 후 상부 옵션에서 텍스트 중앙 정렬 ▤을 클릭하고 [색상] 버튼 ☐을 클 릭합니다.

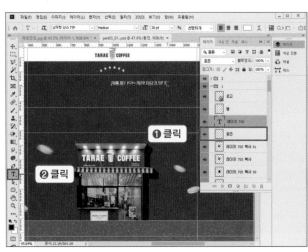

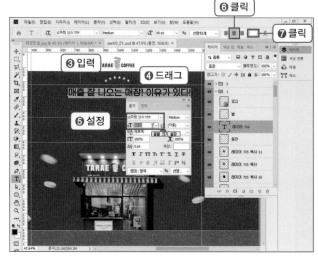

02 옵션 설정하기

❶ [색상 피커(텍스트 색상)] 대화상자가 나타나면 [R: 255], [G: 255], [B: 130]을 입력한 후 [확인] 버튼을 클릭합니다. ❷ 다시 [문자] 대화상자에서 문자의 굵기를 [Bold]로 설정합니다.

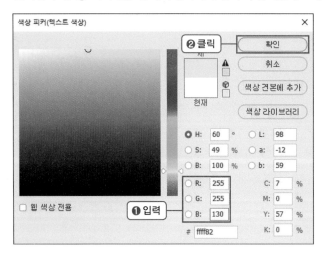

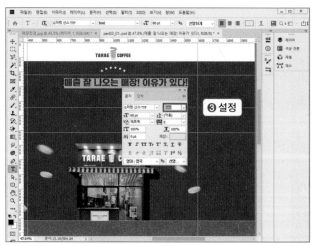

03 문자 정렬하기

❶ 이동 도구 ✛를 선택한 후 Ctrl 을 누른 채 [레이어 704] 레이어를 클릭합니다. ❷ 문자를 화면 중앙으로 정렬하기 위해 상부 옵션에서 수평 중앙 정렬 ☰ 을 클릭합니다.

04 복사하기

❶ 다시 [매출 잘 나오는 매장! 이유가 있다!] 레이어를 선택합니다. ❷ 문자를 복사하기 위해 Alt 를 누른 채 아래 방향으로 드래그합니다.

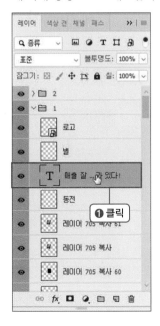

05 문자 복사하기

① 수평 문자 도구 **T** 를 선택해 복사된 문자를 모두 선택합니다. ② '브랜드? 아니다'를 입력합니다.

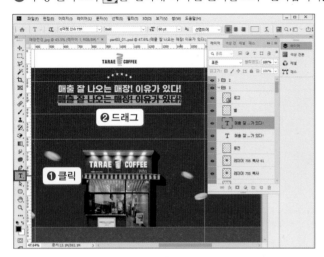 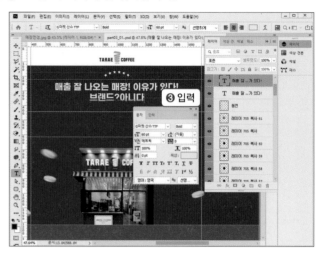

06 크기, 색상 설정하기

① 다시 문자를 모두 선택한 후 [문자] 팔레트에서 문자의 크기에 '100pt'를 입력합니다. ② '아니다' 문자만
을 다시 선택한 후 색상 버튼 을 눌러 붉은색 계열을 설정합니다.

 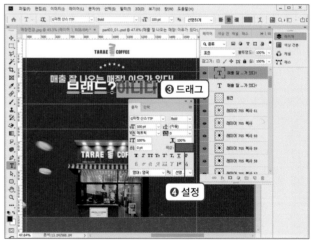

07 그림자 만들기

❶ 그림자를 만들기 위해 이동 도구 ✛를 선택한 후 [레이어] 메뉴의 [레이어 스타일]–[그림자]를 선택합니다. ❷ [레이어 스타일] 대화상자가 나타나면 [드롭 섀도]–[구조] 항목에서 [혼합 모드: 곱하기], [색상: 검은색], [불투명도: 35%], [각도: 120], [거리: 8], [스프레드: 0], [크기: 0]으로 설정합니다.

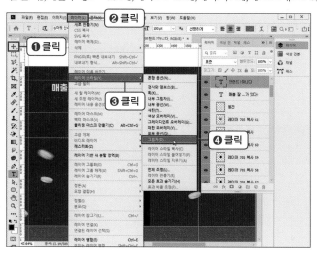
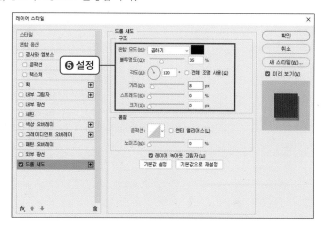

08 테두리 선 만들기

❶ 테두리 선을 만들기 위해 [레이어 스타일] 대화상자의 왼쪽에 있는 [획]을 선택합니다. [획]–[구조] 항목에서 [크기: 1], [위치: 안쪽], [색상: 검은색]으로 설정한 후 [확인] 버튼을 클릭합니다. ❷ 다음 그림과 같이 문자가 겹치지 않게 드래그합니다.

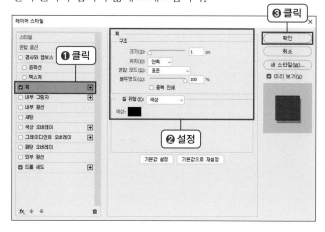

09 스타일 복사하기

① 레이어의 스타일을 복사하기 위해 [레이어] 메뉴의 [레이어 스타일]-[레이어 스타일 복사]를 선택합니다. ② 레이어 팔레트에서 [매출 잘 나오는 매장! 이유가 있다!] 레이어를 선택합니다.

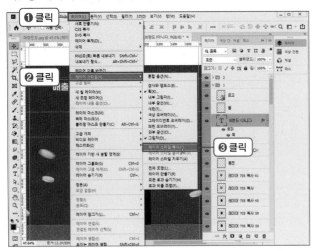
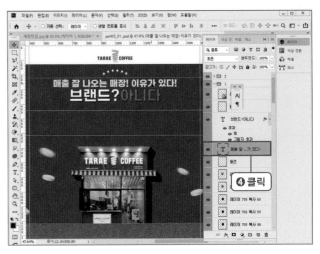

10 색상 설정하기

① 레이어를 복사하기 위해 Alt 를 누른 채 아래 방향으로 드래그합니다. ② 전경색과 배경색을 초기화하기 위해 D 를 누른 후 문자 색을 변경하기 위해 Ctrl + Delete 를 눌러 배경색으로 채워 줍니다.

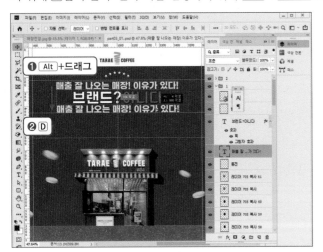
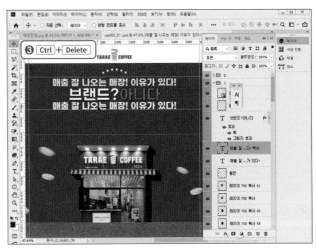

11 문자 변경하기

❶ 수평 문자 도구 T 를 선택해 문자를 모두 선택합니다. ❷ '바로 자리! 자리가 매출 50%를 차지한다'를
입력합니다.

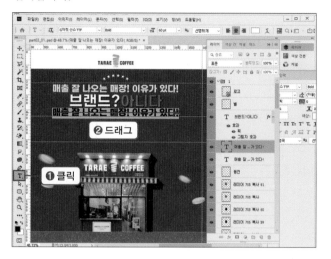 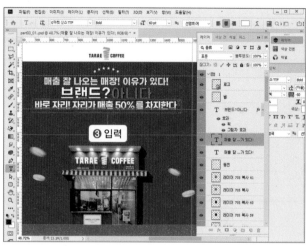

12 색상 변경하기

❶ 50% 문자만 별도로 선택한 후 [문자] 팔레트에서 색상 버튼 ☐ 을 클릭합니다. ❷ [색상 피커(텍스트
색상)] 대화상자가 나타나면 [R: 255], [G: 255], [B: 130]을 입력한 후 [확인] 버튼을 클릭합니다.

 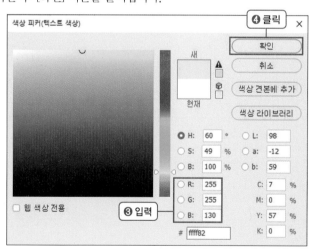

모서리가 둥근 사각형

사각형 도형의 모서리를 둥글게 만들 수 있습니다.

- 폭: 사각형의 폭을 설정합니다.
- 높이: 사각형의 높이를 설정합니다.
- 반경: 둥글게 만들어질 모서리의 반지름을 입력합니다.
- 중앙부터: 체크 표시를 하면 클릭한 지점이 사각형의 중앙이 되고 체크 표시를 해제하면 클릭한 부분이 사각형의 시작점이 됩니다.

■ [중앙부터]에 체크 표시를 한 경우

모서리가 둥근 사각형 도구 □ 를 선택한 후 화면을 클릭하고 크기와 반경을 입력한 다음 [중앙부터]에 체크 표시를 하고 [확인] 버튼을 클릭한 경우에는 클릭한 지점이 사각형의 중앙이 됩니다.

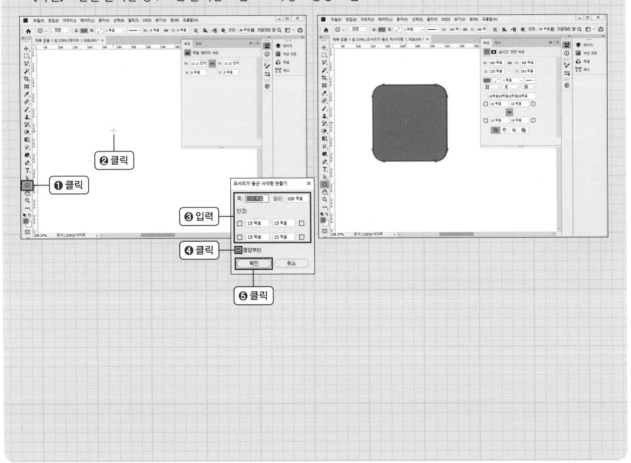

■ **[중앙부터]의 체크 표시를 해제한 경우**

모서리가 둥근 사각형 도구□를 선택한 후 화면을 클릭하고 크기와 반경을 입력한 다음 [중앙부터]의 체크 표시를 해제하고 [확인] 버튼을 클릭한 경우에는 클릭한 지점이 사각형의 시작점이 됩니다.

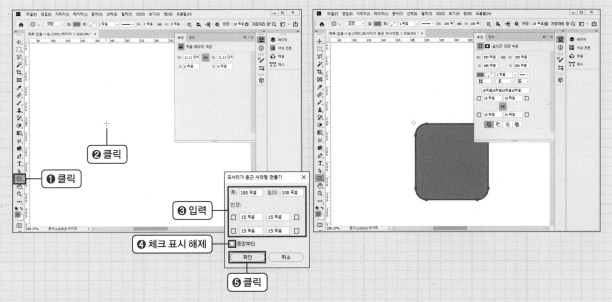

■ **반경에 '0'을 설정한 경우**

폭과 높이를 설정한 후 2개의 모서리 반경에 '0'을 입력하면 '0'을 입력한 모서리가 각지게 만들어집니다.

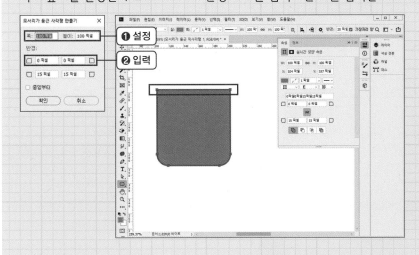

13 모서리가 둥근 사각형 만들기

❶ 이동 도구 ➕ 를 선택한 후 [레이어] 메뉴의 [레이어 스타일]–[레이어 스타일 붙여넣기]를 선택합니다.
❷ 도구 상자에서 모서리가 둥근 사각형 도구 ⬜ 를 선택한 후 화면을 클릭합니다. [모서리가 둥근 사각형
만들기] 대화상자가 나타나면 [중앙부터]에 체크 표시를 한 후 [폭: 650픽셀], [높이: 60픽셀], [반경: 15픽
셀](네 군데 모두)을 입력하고 [확인] 버튼을 클릭합니다.

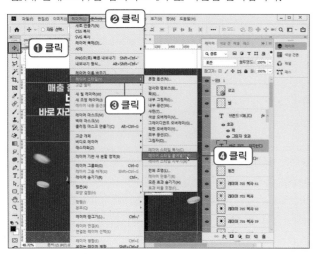
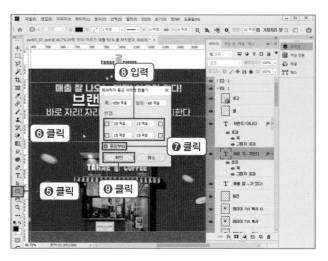

14 도형 색상 입히기

❶ 이동 도구 ➕ 를 선택한 후 화면 가운데로 드래그합니다. 도형의 색상을 변경하기 위해 [모서리가 둥근
사각형 1] 레이어의 레이어 축소판을 더블클릭합니다. ❷ [색상 피커(단색)] 대화상자가 나타나면 [R:
255], [G: 255], [B: 255]를 입력한 후 [확인] 버튼을 클릭합니다.

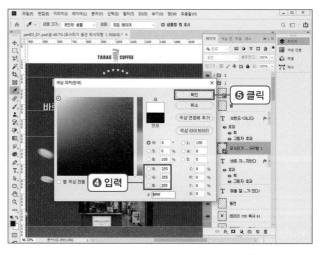

15 스타일 붙여넣기

❶ 복사한 스타일을 붙여넣기 위해 [모서리가 둥근 사각형 1] 레이어에 마우스 오른쪽 버튼을 클릭하면 나타나는 단축 메뉴 중에서 [레이어 스타일 붙여넣기]를 선택합니다. ❷ 그림자를 변경하기 위해 [효과]에 있는 [그림자 효과]를 더블클릭합니다.

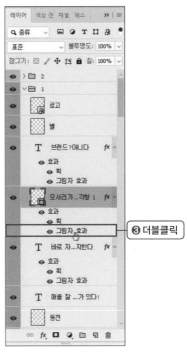

16 레이어 스타일 설정하기

❶ [레이어 스타일] 대화상자가 나타나면 오른쪽에 있는 [드롭 섀도]–[구조] 항목에서 [혼합 모드: 곱하기], [색상: 검은색], [불투명도: 100], [각도: 120], [거리: 10], [스프레드: 0], [크기: 0]으로 설정합니다. ❷ 수평 문자 도구 T를 선택한 후 '창업 성공비결 좋은 자리 먼저 선점하세요!'를 입력합니다.

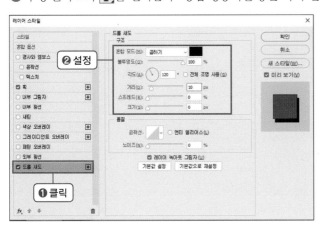
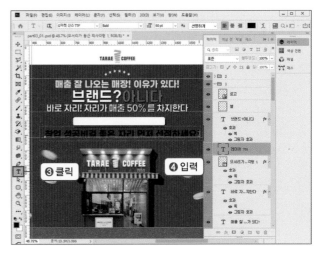

17 문자 옵션 설정하기

❶ 문자를 드래그해 모두 선택합니다. [문자] 팔레트에서 [글꼴: G마켓 산스 TIF], [크기: 30pt], [굵기: Medium], [색상: 검은색]으로 설정합니다. ❷ 이동 도구 ✛ 를 선택한 후 문자를 모서리가 둥근 사각형의 내부로 드래그합니다.

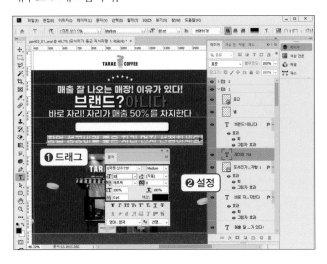

18 레이어 정렬하기

❶ Ctrl 을 누른 채 [모서리가 둥근 사각형 1] 레이어를 클릭해 2개의 레이어를 선택합니다. ❷ 정렬을 하기 위해 상부 옵션에 있는 수평 중앙 정렬 ✛ 을 클릭합니다. 다시 한번 수직 가운데 정렬 ✛ 을 클릭합니다.

19 레이어 선택하기

❶ 선택된 2개의 레이어를 그룹으로 만들기 위해 레이어 팔레트 아래에 있는 [새 그룹 만들기] ▣를 클릭합니다. ❷ Ctrl 을 누른 채 [레이어 704] 레이어를 클릭합니다.

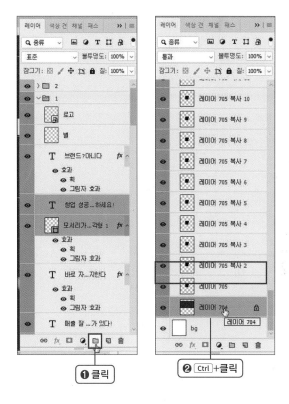

20 정렬하기

❶ 정렬을 하기 위해 상부 옵션에서 수평 중앙 정렬 ▪ 을 클릭합니다. ❷ [그룹 1] 레이어를 다시 클릭합니다.

21 문자 선택하기

① 그룹을 복사하기 위해 `Ctrl`+`J`를 누릅니다. 이동 도구 ⊹ 를 선택한 후 복사된 그룹을 아래 방향으로 드래그합니다. ② 수평 문자 도구 `T`를 선택한 후 '창업 성공비결 좋은 자리 먼저 선점하세요!'를 모두 선택합니다.

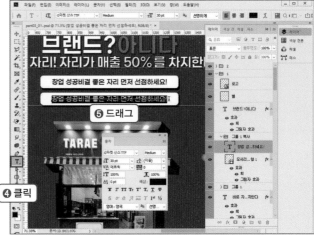

22 수정하기

① '좋은 자리는 기다려 주지 않는다.'를 입력합니다. ② [그룹 1] 그룹과 [그룹 1 복사] 그룹을 선택한 후 위와 아래의 위치를 다시 조절합니다.

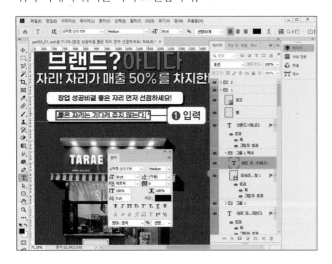

23 이미지 삽입하기

① [바로 자리! 자리가 매출 50%를 차지한다] 레이어를 선택합니다. ② 이미지를 삽입하기 위해 [파일] 메뉴의 [포함 가져오기]를 선택합니다. [포함하기 가져오기] 대화상자가 나타나면 sample\part03\지도.jpg를 선택한 후 [가져오기] 버튼을 클릭합니다. 다음 그림과 같이 크기와 위치를 설정한 후 Enter 를 누릅니다.

24 클리핑 마스크 만들기

문자 영역에만 삽입한 이미지를 나타내기 위해 [레이어] 메뉴의 [클리핑 마스크 만들기]를 선택합니다.

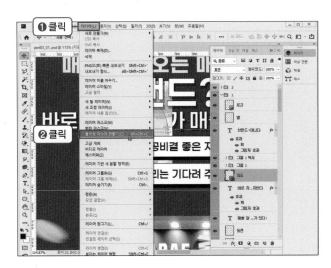

Section **03** 모델 이미지 만들기

이번에는 모델이 포함된 이미지를 만들어 보겠습니다. 랜딩 페이지를 실제로 제작할 때는 실제 모델을 사용하지만, 이 책에서는 이미지로 대체했습니다.

▲ 예제 파일(part03-03psd)

▲ 완성 파일(part03-03c.psd)

01 레이어 활성화하기

❶ 레이어 팔레트에서 [2] 그룹의 [여자], [전문가], [점포] 레이어의 레이어 가시성 을 클릭해 활성화합
니다. ❷ [여자] 레이어를 선택한 후 전경색과 배경색을 초기화하기 위해 D를 누릅니다.

02 문자 입력하기

❶ 수평 문자 도구 T를 선택한 후 '그럼 좋은 위치를 어떻게 고르죠! 창업주님은 가만히 지켜만 보세요~
상권분석전문가가 알아서 하겠습니다.'를 입력합니다. ❷ 문자를 드래그해 모두 선택합니다. [문자] 팔레
트에서 [글꼴: G마켓 산스 TIF], [크기: 40pt], [굵기: Medium], [색상: 흰색]으로 설정합니다.

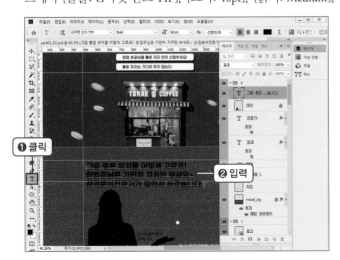

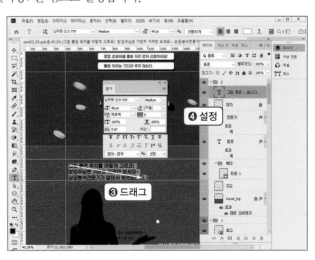

03 문자 변경하기

❶ 다시 한번 '상권분석전문가가 알아서 하겠습니다.'를 드래그해 선택합니다. [문자] 팔레트에서 [글꼴: G 마켓 산스 TIF], [크기: 72pt], [굵기: Bold]로 설정합니다. ❷ 다시 한번 [상권분석전문가]를 선택한 후 [문자] 팔레트에서 색상 버튼 ☐ 을 클릭합니다.

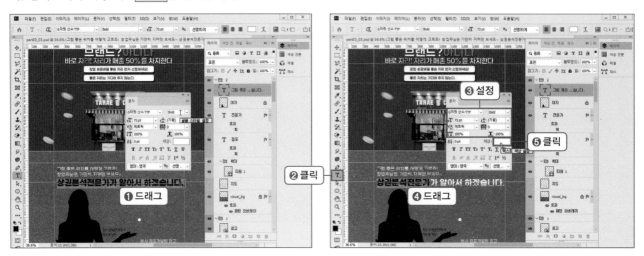

04 색상 위치 조절하기

❶ [색상 피커(텍스트 색상)] 대화상자가 나타나면 [R: 250], [G: 255], [B: 40]을 입력한 후 [확인] 버튼을 클릭합니다. ❷ 이동 도구 ⊹ 를 선택한 후 다음 그림과 같이 위치를 조정합니다.

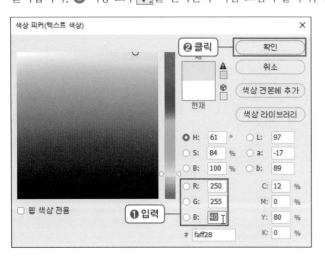

05 밑줄 삽입하기

❶ 이미지를 삽입하기 위해 [파일] 메뉴의 [포함 가져오기]를 선택합니다. [포함하기 가져오기] 대화상자
가 나타나면 sample\part03\밑줄.png를 선택한 후 [가져오기] 버튼을 클릭합니다. ❷ 다음 그림과 같이 크
기와 위치를 설정한 후 [Enter]를 누릅니다.

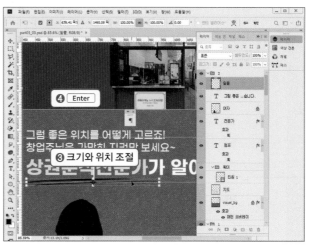

06 마스크 만들기

❶ 레이어 팔레트에서 [지도] 레이어를 선택합니다. [지도] 레이어의 레이어 가시성 ◉을 클릭해 활성화합
니다. ❷ 마스크를 만들기 위해 레이어 팔레트 아래에 있는 [레이어 마스크 추가] ◻를 클릭합니다.

07 색칠하기

① 색상을 채우기 위해 [편집] 메뉴의 [칠]을 선택하면 나타나는 [칠] 대화상자에서 [내용] 항목의 [검정]을 선택한 후 [확인] 버튼을 클릭합니다. ② 브러시 스타일을 불러오기 위해 브러시 도구 ✏️를 선택한 후 상부 옵션에서 브러시 사전 설정 을 클릭합니다. 일반 브러시에서 '부드러운 원'을 선택한 후 크기에 '500 픽셀'을 입력합니다.

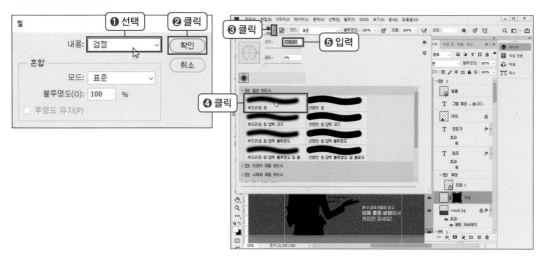

08 테두리 만들기

① 전경색을 '흰색'으로 설정한 후 지도가 보일 위치를 클릭합니다. ② [타원 1] 레이어를 선택합니다. 테두리 선을 만들기 위해 [레이어] 메뉴의 [레이어 스타일]-[획]을 선택합니다.

❶ 전경색을 '흰색'으로 설정

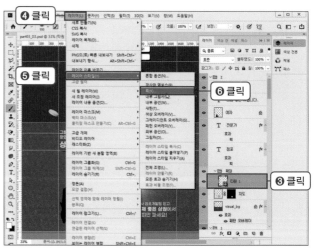

09 크기, 위치, 색 설정하기

❶ [레이어 스타일] 대화상자가 나타나면 [획]–[구조] 항목의 [크기]에 '13'을 입력한 후 [위치]를 '바깥쪽'으로 설정하고 색상을 붉은색 계열로 설정한 다음 [확인] 버튼을 클릭합니다. ❷ 원을 만들기 위해 타원 도구 ○,를 클릭한 후 원의 위치를 클릭합니다.

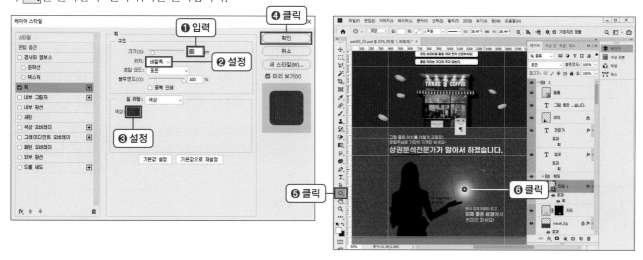

10 원 만들기

❶ [타원 만들기] 대화상자가 나타나면 폭과 높이에 각각 '220픽셀'을 입력한 후 [중앙부터]에 체크 표시를 하고 [확인] 버튼을 클릭합니다. ❷ 이미지를 삽입하기 위해 [파일] 메뉴의 [포함 가져오기]를 선택합니다. [포함 가져오기] 대화상자가 나타나면 sample\part03\지도매장.jpg를 선택한 후 [가져오기] 버튼을 클릭합니다.

11 클리핑 마스크 만들기

❶ 다음 그림과 같이 크기와 위치를 설정한 후 [Enter]를 누릅니다. ❷ 원 영역에만 삽입한 이미지를 나타
내기 위해 [레이어] 메뉴의 [클리핑 마스크 만들기]를 선택합니다.

12 확대 선 만들기

❶ [지도] 레이어를 선택한 후 새로운 레이어를 만들기 위해 [Ctrl] + [Shift] + [N]을 누르고 [새 레이어] 대
화상자가 나타나면 [확인] 버튼을 클릭합니다. ❷ 다각형 올가미 도구 를 선택한 후 다음 그림과 같이
영역을 선택합니다.

13 색상 채우기

❶ 선택 영역에 색상을 채우기 위해 [편집] 메뉴의 [칠]을 선택하면 나타나는 [칠] 대화상자에서 [투명도 유지]의 체크 표시를 해제한 후 [내용] 항목의 [색상...]을 선택하고 [확인] 버튼을 클릭합니다. ❷ [색상 피커(칠 색상)] 대화상자가 나타나면 [R: 250], [G: 90], [B: 110]을 입력한 후 [확인] 버튼을 클릭합니다.

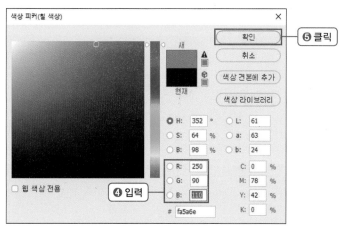

14 선택 해제하기

❶ 다시 한번 [칠] 대화상자가 나타나면 [확인] 버튼을 클릭합니다. ❷ Ctrl + D 를 눌러 선택을 해제합니다.

특징 만들기

디저트 카페 가맹점을 모집할 때는 카페의 특징과 장점을 강조하는 것이 중요합니다. 이번에는 문자 도구, 패턴 등을 이용해 눈에 띄는 텍스트와 내용을 만들어 보겠습니다.

▲ 예제 파일(part03-04.psd)

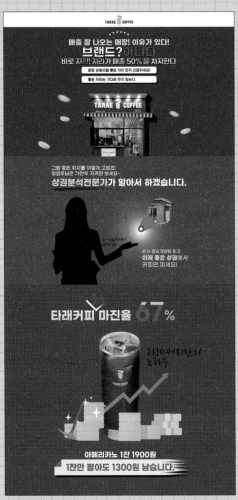

▲ 완성 파일(part03-04c.psd)

01 배경색 채우기

❶ part03-4.psd를 연 후 전경색과 배경색을 초기화하기 위해 D를 누릅니다. 레이어 팔레트에서 [3] 그룹의 [배경] 레이어를 선택합니다. 전경색, 배경색 설정 도구에서 전경색을 클릭합니다. [색상 피커(전경색)] 대화상자가 나타나면 [R: 50], [G: 85], [B: 50]을 입력한 후 [확인] 버튼을 클릭합니다. ❷ 레이어 팔레트의 투명 픽셀 잠그기 ▨를 클릭한 후 Alt + Delete 를 눌러 전경색으로 채웁니다.

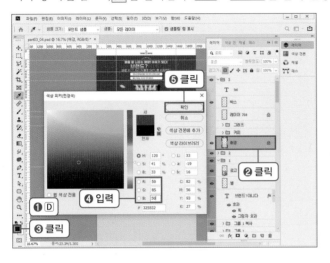

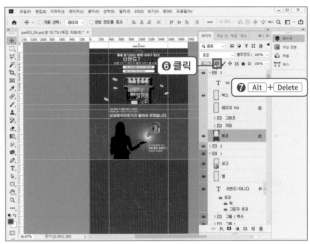

02 패턴 이미지 만들기

❶ 새로운 이미지를 만들기 위해 [파일] 메뉴의 [새로 만들기]를 선택하면 나타나는 [새로 만들기 문서] 대화상자에서 [폭: 33픽셀], [높이: 33픽셀], [해상도: 72픽셀/인치], [배경 내용: 투명]을 설정한 후 [만들기] 버튼을 클릭합니다. ❷ 화면 전체 영역을 선택하기 위해 Ctrl + A 를 누른 후 테두리를 만들기 위해 [편집] 메뉴의 [획]을 선택합니다.

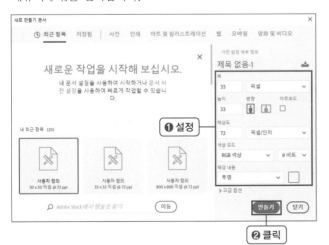

03 색상 설정하기

❶ [획] 대화상자가 나타나면 [획] 항목의 [폭]에 '1픽셀'을 입력한 후 [색상]을 클릭합니다. ❷ [색상 피커 (획 색상)] 대화상자가 나타나면 [R: 255], [G: 255], [B: 255]를 입력한 후 [확인] 버튼을 클릭합니다.

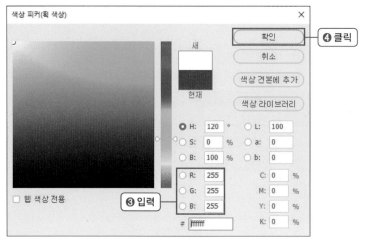

04 테두리 선 만들기

❶ 다시 [획] 대화상자가 나타나면 [위치]를 [안쪽]으로 설정한 후 [투명도 유지]의 체크 표시를 해제하고 [확인] 버튼을 클릭합니다. ❷ 사각형 선택 윤곽 도구[✂]를 선택한 후 상부 옵션에서 새 선택[▢]을 선택하 고 다음 그림처럼 선택한 후 [Delete]를 눌러 삭제한 다음 [Ctrl]+[D]를 눌러 선택을 해제합니다.

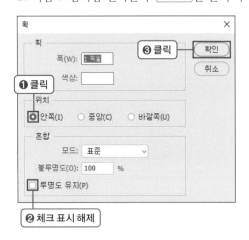

05 패턴 만들기

❶ 패턴을 만들기 위해 [편집] 메뉴의 [패턴 정의]를 선택합니다. ❷ [패턴 이름] 대화상자가 나타나면 이름에 '배경패턴'을 입력한 후 [확인] 버튼을 클릭합니다.

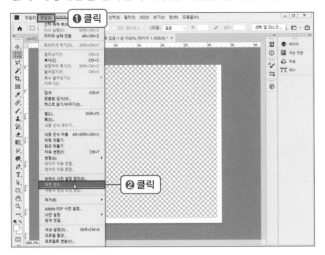

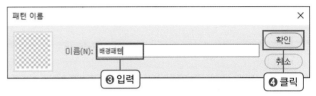

06 패턴 채우기

❶ 다시 'part03-4.psd' 파일을 선택합니다. 패턴을 채우기 위해 [레이어] 메뉴의 [레이어 스타일]-[패턴 오버레이]를 선택합니다. ❷ [레이어 스타일] 대화상자가 나타나면 패턴의 불투명도에 '20'을 입력한 후 패턴 피커 열기를 클릭하고 [배경 패턴]을 선택한 다음 [확인] 버튼을 클릭합니다.

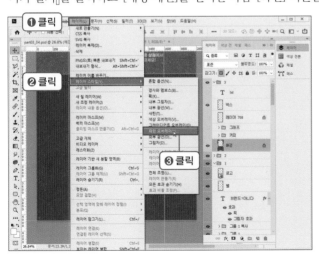

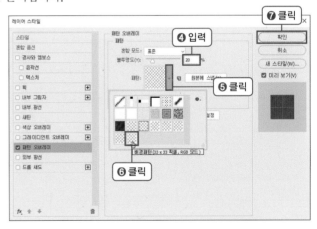

❶ 수평 문자 도구 T 를 선택한 후 '타래커피 마진율 67%'를 입력합니다. ❷ 다시 한번 드래그해 모든 문자
를 선택합니다. ❸ [문자] 팔레트에서 [글꼴: G마켓 산스 TIF], [크기: 100pt], [굵기: Bold]로 설정한 후 색
상 버튼☐☐☐을 클릭합니다.

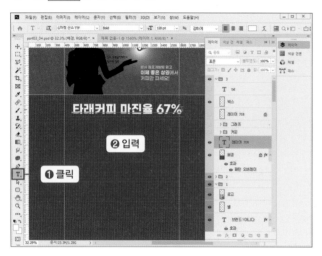
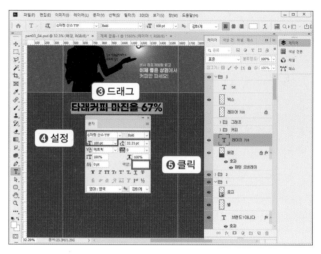

❶ [색상 피커(텍스트 색상)] 대화상자가 나타나면 [R: 255], [G: 255], [B: 0]을 입력한 후 [확인] 버튼을
클릭합니다. ❷ 다시 한번 '%'만을 선택한 후 색상 버튼☐☐☐을 클릭합니다.

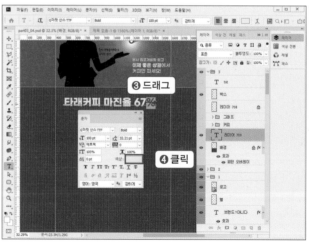

09 문자 선택하기

❶ [색상 피커(텍스트 색상)] 대화상자가 나타나면 [R: 240], [G: 180], [B: 70]을 입력한 후 [확인] 버튼을 클릭합니다. ❷ 다시 한번 '67'만을 선택한 후 크기를 '200pt'로 설정하고 색상 버튼☐을 클릭합니다.

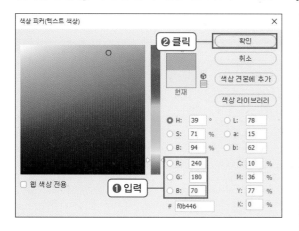

10 이동하기

❶ [색상 피커(텍스트 색상)] 대화상자가 나타나면 [R: 255], [G: 65], [B: 15]를 입력한 후 [확인] 버튼을 클릭합니다. ❷ 이동 도구⊕를 선택한 후 다음 그림과 같이 움직입니다.

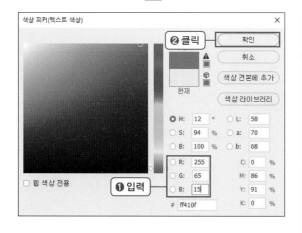
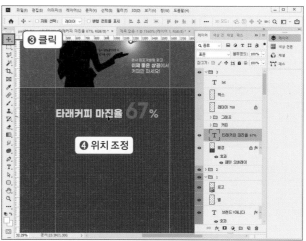

11 선택하기

❶ 새로운 레이어를 만들기 위해 [Ctrl]+[Shift]+[N]을 누르면 나타나는 [새 레이어] 대화상자에서 [이름]
에 'W'를 입력한 후 [확인] 버튼을 클릭합니다. ❷ 사각형 선택 윤곽 도구 [□]를 선택한 후 상부 옵션에서
선택 영역에 추가 [□]를 선택하고 다음 그림과 같이 문자의 윗부분을 선택합니다.

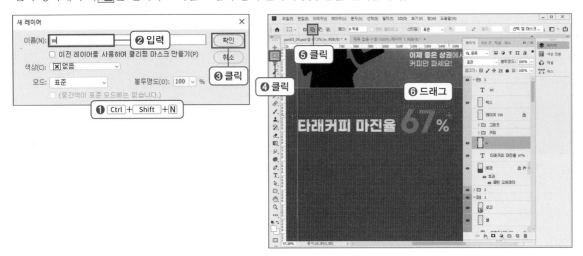

12 클리핑 마스크 만들기

❶ [D]를 눌러 전경색과 배경색을 초기화한 후 [Ctrl]+[Delete]를 눌러 배경색으로 채우고 [Ctrl]+[D]를 눌러
선택을 해제합니다. ❷ 색을 문자 영역만큼 보여 주기 위해 [레이어] 메뉴의 [클리핑 마스크 만들기]를 선
택합니다.

 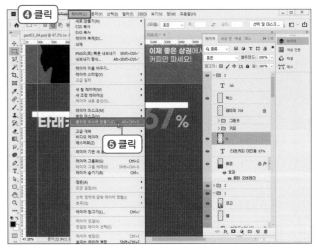

13 불투명도와 새 레이어 만들기

❶ [W] 레이어의 불투명도를 '80'으로 설정합니다. ❷ 새로운 레이어를 만들기 위해 Ctrl + Shift + N을 누르면 나타나는 [새 레이어] 대화상자에서 [이름]에 '체크'를 입력한 후 [확인] 버튼을 클릭합니다.

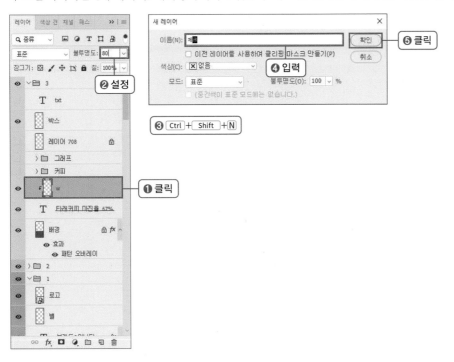

14 체크무늬 만들기

❶ 사각형 선택 윤곽 도구 ⬚ 를 선택한 후 정사각형을 만들기 위해 Shift 를 누른 채 사각 모양을 선택합니다. ❷ Ctrl + Delete 를 눌러 배경색으로 채운 후 Ctrl + T를 누르고 상부 옵션 회전 ◿ 에 '45'를 입력한 후 다시 사각형 선택 윤곽 도구 ⬚ 를 선택합니다.

15 선택 영역 이동하기

❶ 상부 옵션에서 새 선택□을 선택한 후 다시 선택하기 위해 Ctrl을 누른 채 [체크] 레이어의 레이어 축소판▨을 클릭합니다. ❷ 선택 영역을 위 방향으로 조금 드래그합니다.

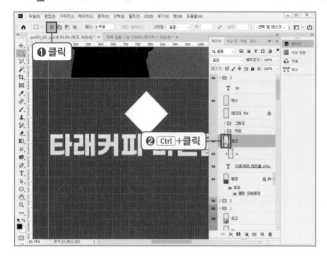

16 삭제하고 다시 선택하기

❶ Delete를 눌러 선택 영역을 삭제한 후 Ctrl + D를 눌러 선택 영역을 해제합니다. ❷ 다각형 올가미 도구▽를 선택한 후 다시 한번 다음 그림과 같이 선택합니다. Delete를 눌러 선택 영역을 삭제한 후 Ctrl + D를 눌러 선택 영역을 해제합니다.

17 문자 입력하기

❶ 수평 문자 도구 T 를 선택한 후 '높은'을 입력합니다. ❷ 다시 한번 드래그해 문자를 모두 선택한 후 [문자] 팔레트의 폰트를 여러분이 보유한 필기체로 선택합니다. 필기체가 없다면 지금까지 계속 사용했던 다른 폰트를 선택합니다. [굵기: Medium], [크기: 110pt], [색상: 붉은색 계열]로 설정한 후 이동 도구 ⊕ 를 선택하고 위치를 조정합니다.

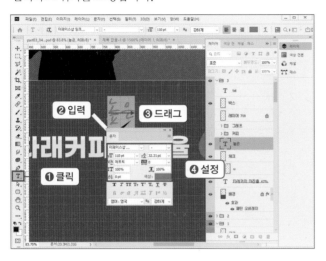

18 문자 이동하기

❶ [그래프], [커피] 그룹의 레이어 가시성 ⦿ 을 클릭해 활성화합니다. 레이어를 복사하기 위해 Ctrl + J 를 누릅니다. ❷ 다음 그림과 같이 문자를 컵의 오른쪽으로 드래그합니다.

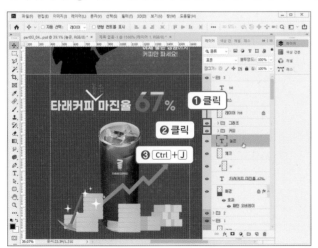
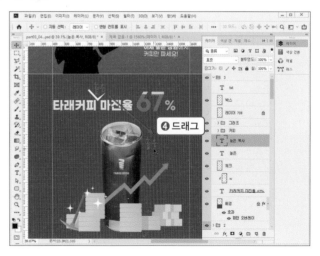

19 줄 사이 간격 설정하기

❶ 수평 문자 도구 T를 이용해 '타래커피만의노하우'를 입력한 후 드래그해 문자를 모두 선택합니다. 문자 줄 사이 간격을 조절하기 위해 [문자] 팔레트에서 행간 설정 🔠을 [자동]으로 설정합니다. 문자 크기를 '80pt'로 변경합니다. ❷ 문자의 위치가 맞지 않는다면 이동 도구 ✛를 이용해 조정합니다.

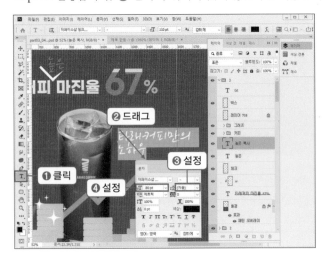

20 뒤틀기

❶ [커피] 그룹의 [로고] 레이어를 선택한 후 이미지를 비틀기 위해 [편집] 메뉴의 [변형]-[뒤틀기]를 선택합니다. ❷ 그림과 같이 좌측 상단의 조절점을 아래 방향으로 드래그합니다.

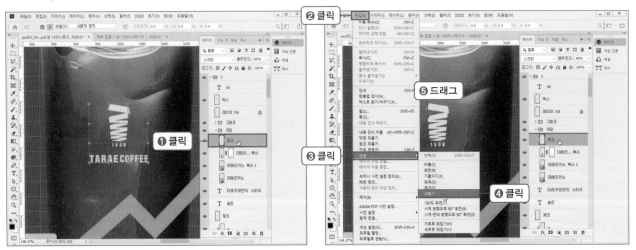

21 뒤틀기 완료하기

❶ 조절점을 다음 그림과 같이 드래그해 이미지를 비틀기하고 [Enter]를 누릅니다. ❷ [3] 그룹 [txt] 레이어의 레이어 가시성 👁을 클릭해 활성화합니다.

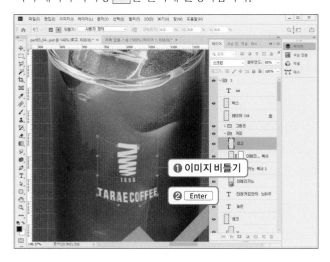
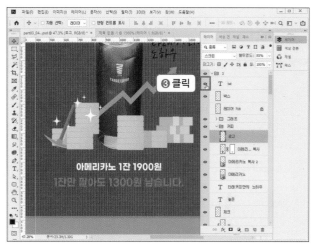

22 사각형 만들기

❶ 레이어 팔레트에서 [박스] 레이어를 선택합니다. 사각형 선택 윤곽 도구 [::]를 선택한 후 다음 그림과 같이 사각형 모양을 선택합니다. ❷ [Ctrl]+[Delete]를 눌러 배경색으로 채운 후 [Ctrl]+[D]를 눌러 선택 영역을 해제합니다.

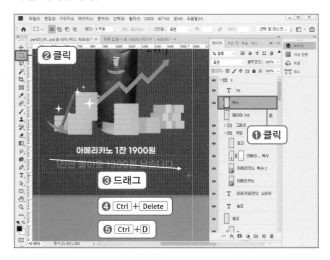

23 올가미 도구로 삭제하기

① 다각형 올가미 도구 ▽를 선택한 후 사각형의 오른쪽을 다음 그림과 같이 선택합니다. ② [Delete]를 눌러 삭제하고 [Ctrl]+[D]를 눌러 선택 영역을 해제합니다.

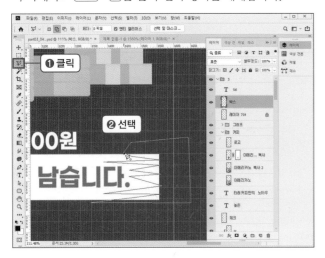 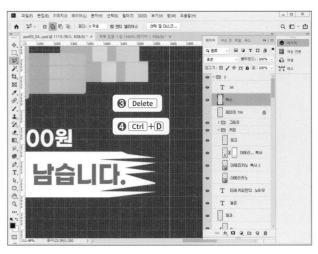

24 노이즈 및 동작 흐림 효과 주기

① 도형에 노이즈를 주기 위해 [필터] 메뉴의 [노이즈]-[노이즈 추가]를 선택하면 나타나는 [노이즈 추가] 대화상자에서 [양]에 '150'을 입력하고 [분포] 항목을 [균일]로 설정한 후 [확인] 버튼을 클릭합니다. ② 역동성을 주기 위해 [필터] 메뉴의[흐림 효과]-[동작 흐림 효과]를 선택한 후 [동작 흐림 효과] 대화상자에서 [각도: 0], [거리: 100]을 입력하고 [확인] 버튼을 클릭합니다.

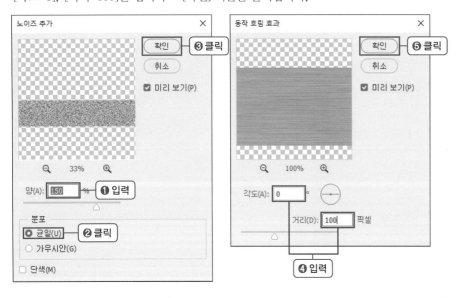

25 삭제하고 선택 해제하기

① 사각형 선택 윤곽 도구[⬚]를 선택한 후 다음 그림과 같이 도형의 왼쪽 부분을 드래그해 선택합니다. ②
Delete 를 눌러 삭제한 후 Ctrl + D 를 눌러 선택 영역을 해제합니다.

26 늘리기

① 사각형 선택 윤곽 도구[⬚]를 선택한 후 다시 한번 사각 모양을 선택합니다. ② 자유 변형을 위해
Ctrl + T 를 누르고 왼쪽 중앙 조절점을 왼쪽으로 이동한 후 Enter 를 누른 다음 Ctrl + D 를 눌러 선택
영역을 해제합니다. 만약 크기가 위, 아래로 변형이 된다면 Shift 를 누르고 조절점을 이동하면 됩니다.

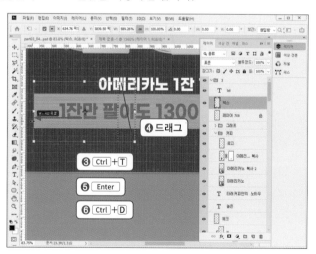

27 45도 방향 설정하기

1 다각형 올가미 도구 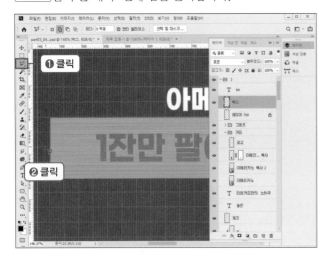 를 이용해 선택의 첫 번째 점을 클릭합니다. 2 45도 방향으로 이동하기 위해
Shift 를 누른 채 두 번째 점을 클릭합니다.

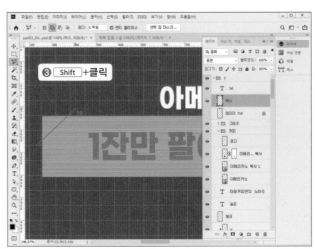

28 레이어 분리하기

1 Shift 에서 손을 떼고 첫 번째 점을 다시 클릭해 삼각형 모양을 선택합니다. 2 Ctrl + Shift + J 를
눌러 선택 영역을 레이어로 분리합니다.

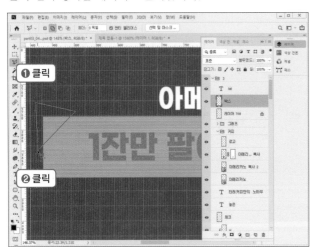
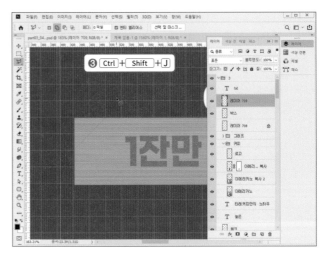

29 전경색 변경하기

❶ 전경색을 클릭합니다. [색상 피커(전경색)] 대화상자가 나타나면 [R: 180], [G: 180], [B: 180]을 입력한 후 [확인] 버튼을 클릭합니다. ❷ 레이어 팔레트의 투명 픽셀 잠그기▩를 클릭한 후 Alt + Delete 를 눌러 전경색으로 채웁니다.

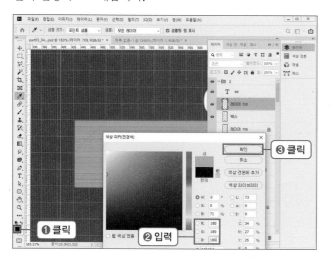
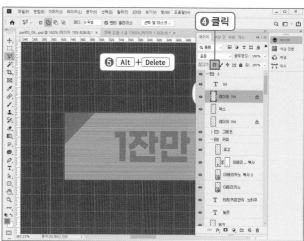

30 회전하고 그림자 만들기

❶ 도형을 회전하기 위해 [편집] 메뉴의 [변형]-[180도 회전]을 선택합니다. ❷ [박스] 레이어를 선택한 후 [레이어] 메뉴의 [레이어 스타일]-[그림자]를 선택합니다.

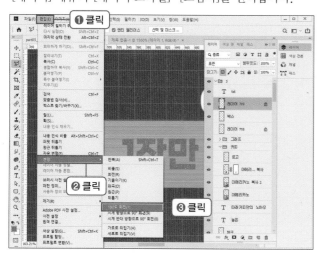
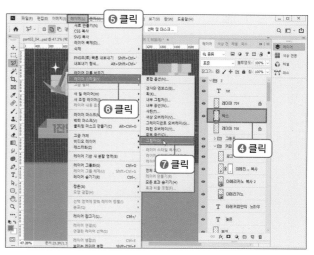

31 그림자 만들고 색조/채도 조정하기

❶ [레이어 스타일] 대화상자가 나타나면 [드롭 섀도]-[구조] 항목에서 [혼합 모드: 곱하기], [색상: 검은색], [불투명도: 100], [각도: 140], [거리: 25], [스프레드: 0], [크기: 0]으로 설정한 후 [확인] 버튼을 클릭합니다. ❷ 이미지의 밝기를 조절하기 위해 레이어 팔레트 아래에 있는 색칠 또는 조정 레이어 를 선택한 후 [색조/채도...]를 선택합니다.

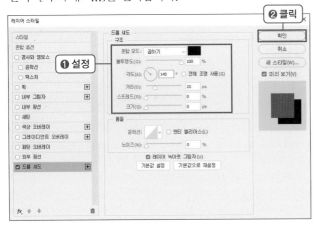
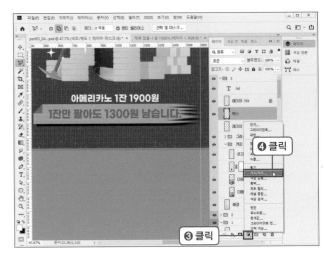

32 명도 값 설정하기

❶ [속성] 대화상자가 나타나면 명도를 '+80'으로 설정한 후 아래의 [모든 레이어에 적용] 을 클릭합니다.

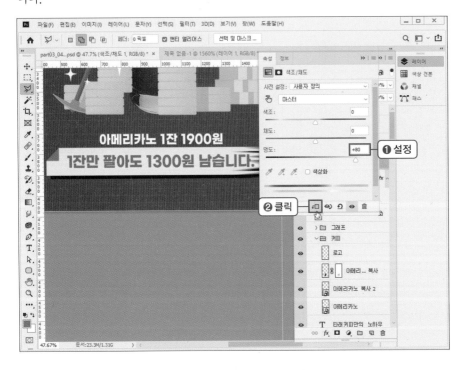

3WAY 매출 만들기

3WAY는 창업 관련 랜딩 페이지에 꼭 들어가는 내용입니다. 3WAY는 매장 매출, 포장 매출, 배달 매출을 의미하며 마케팅에 꼭 필요한 요소입니다.

▲ 예제 파일(part03-05.psd)

▲ 완성 파일(part03-05c.psd)

01 문자 복사하기

❶ 'part03-5.psd'를 연 후 레이어 팔레트의 [5] 그룹 아래에 있는 [group]-[txt2] 그룹의 [3WA..창출] 레이어를 선택합니다. ❷ [3WA..창출] 레이어의 레이어 가시성 ◉을 클릭해 활성화한 후 레이어를 복사하기위해 Ctrl + J 를 누릅니다.

02 문자 크기 입력하기

❶ 이동 도구 ✛ 를 선택한 후 복사된 레이어를 아래 방향으로 조금 드래그합니다. ❷ 전경색과 배경색을초기화하기 위해 D 를 누른 후 문자색을 전경색으로 변경하기 위해 Alt + Delete 를 누릅니다. 도구 상자에서 수평 문자 도구 T 를 선택한 후 [문자] 팔레트의 문자 크기 ┬T 에 '70pt'를 입력하고 Enter 를 누릅니다.

03 문자 내용 변경하기

❶ 복사된 문자를 드래그해 선택한 후 '탄력성 있는 운영으로 소형 매장에서도 높은 매출을 창출합니다.'를 입력하고 이동 도구 ⊕를 선택합니다. ❷ [5] 그룹 아래에 있는 [circle]−[1] 그룹을 선택한 후 레이어 가시성 ◉을 클릭해 활성화합니다.

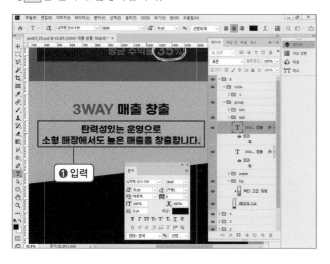

04 그룹 복사하기

❶ 객체를 복사하기 위해 이동 도구 ⊕를 선택한 후 Alt 를 누르고 오른쪽으로 드래그합니다. ❷ 다시 한 번 [1 복사 5] 그룹을 Alt 를 누르고 오른쪽으로 드래그해 복사합니다.

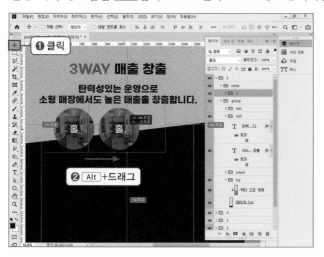
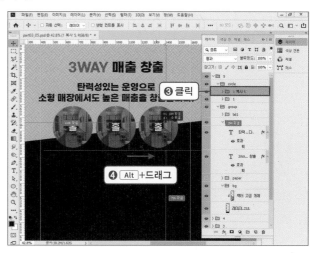

05 정렬하기

❶ 그룹을 추가로 선택하기 위해 `Ctrl`을 누른 채 [1], [1 복사 5], [1 복사 6] 그룹을 클릭합니다. 3개 그룹의 간격을 동일하게 설정하기 위해 상부 옵션에서 가로로 분포 를 클릭합니다. ❷ 그룹과 레이어를 정렬하기 위해 [circle] 그룹과 [bg] 레이어를 선택한 후 상부 옵션에서 수평 중앙 정렬 을 누릅니다.

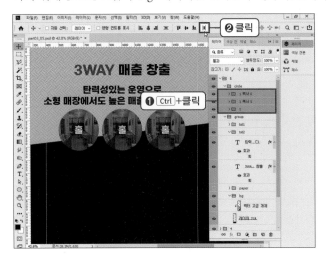
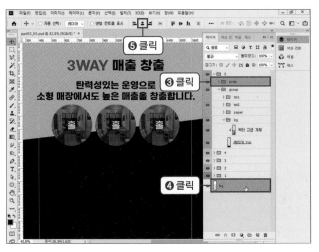

06 이미지 삽입하기

❶ [5]-[1 복사 5] 그룹의 [레이어 722] 레이어를 선택합니다. 이미지를 삽입하기 위해 [파일] 메뉴의 [포함 가져오기]를 선택한 후 'sample/part03' 폴더에서 '포장.jpg'를 클릭한 후 [가져오기] 버튼을 클릭합니다.

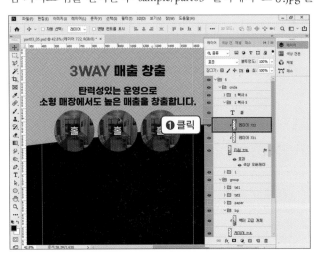

07 클리핑 마스크 만들기

❶ 다음 그림과 같이 크기와 위치를 설정한 후 상부 옵션에서 [확인] 버튼을 클릭합니다. ❷ 레이어 722 영역만큼만 삽입된 이미지를 보여 주기 위해 Alt 를 누른 채 [포장] 레이어와 [레이어 722] 사이를 클릭합니다.

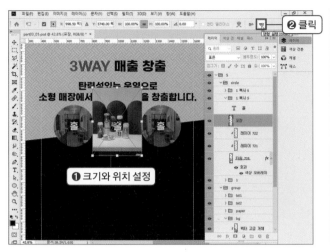
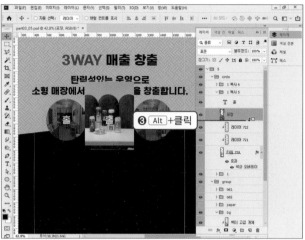

08 문자 변경하기

❶ 수평 문자 도구 T 를 선택한 후 '홀' 문자를 드래그해 선택합니다. ❷ '포장'을 입력한 후 이동 도구 ⊕ 를 클릭합니다.

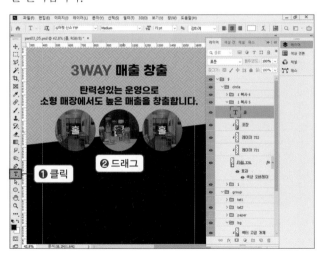
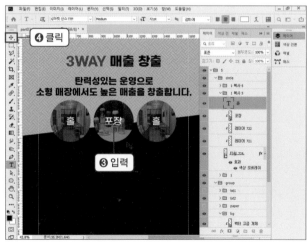

09 고급 개체 변경하기

❶ 세 번째 원 위도 '배달.jpg'를 이용해 다음 그림과 같이 만듭니다. ❷ 노란색 이미지 위에 있는 패턴의 색을 변경하기 위해 [5] 그룹의 [group]에 있는 [bg] 레이어의 고급 개체 축소판을 더블클릭합니다.

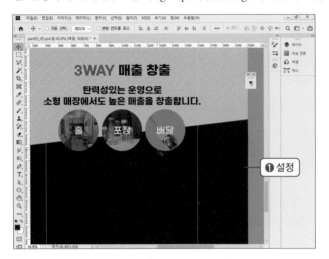 

10 선 색상 변경하기

❶ 일러스트레이터 프로그램이 실행되면서 고급 개체가 열렸습니다. [패턴]을 클릭한 후 도구 상자에서 선을 클릭합니다. ❷ [색상] 팔레트가 나타나면 [C: 81], [M: 81], [Y: 81], [K: 81]을 입력합니다.

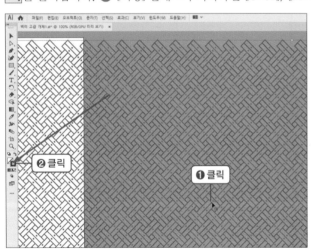 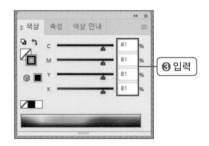

11 저장하기

❶ [파일] 메뉴의 [저장]을 클릭합니다. ❷ 다시 작업하던 포토샵 프로그램을 선택합니다. 패턴의 색상이
변경된 것을 확인할 수 있습니다. 색상 값이 미약하게 변경돼 차이가 나지 않는 것처럼 보일 수 있습니다.

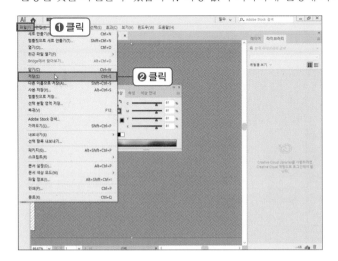
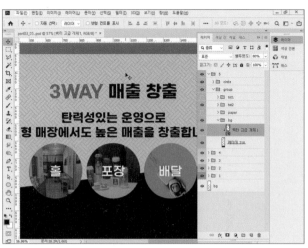

12 마무리하기

❶ [5] 그룹 아래에 있는 [group]-[txt1], [paper] 그룹의 레이어 가시성 을 클릭해 활성화합니다. ❷ [6],
[7], [8], [9] 그룹은 여러분이 직접 만들어 보기 바랍니다.

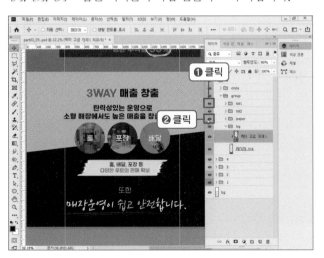
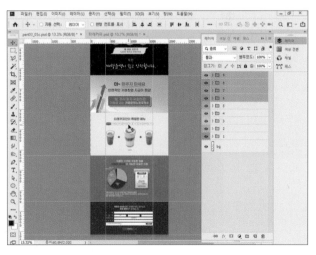

실제로 사용된 온라인 마케팅 이미지

다음 이미지는 해당 커피 업체에서 사용한 마케팅 이미지입니다. 온라인 마케팅이미지에는 수익률, 메뉴 소개, 동영상, SNS가 포함되기 때문에 훨씬 길게 만들어집니다.

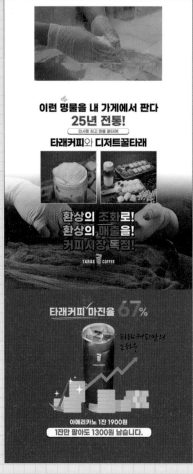

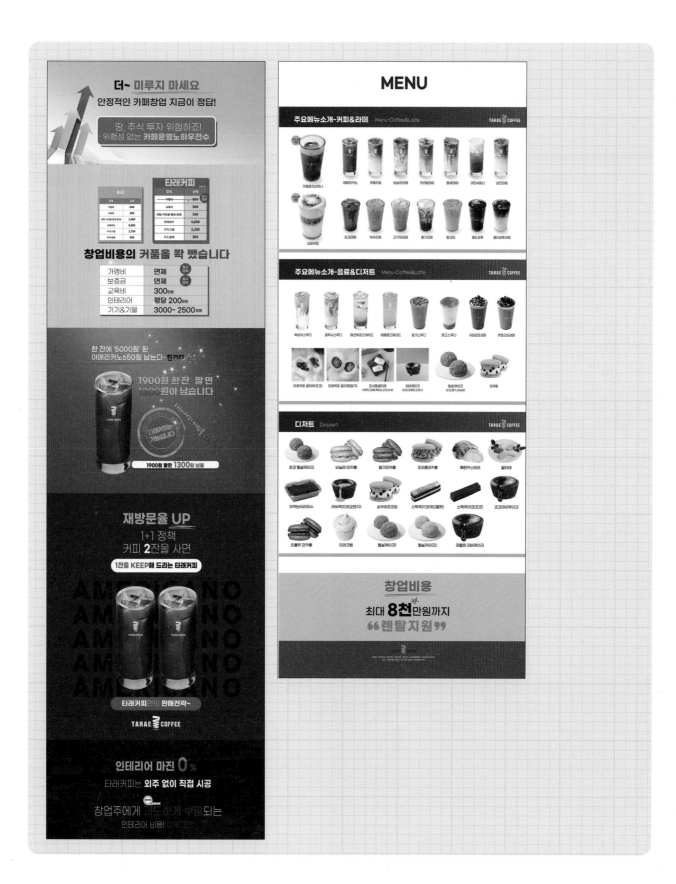

Part 04

내돈내산 포토 리뷰 이벤트 만들기

요즘 인기 있는 랜딩 페이지는 내돈내산 포토 리뷰 이벤트입니다. 내돈내산이란, 내 돈을 주고 내가 직접 구매했다는 의미입니다. 4부에서는 포토 리뷰 이벤트를 진행해 인스타그램, 카카오채널, 페이스북 등의 유입을 확산시키고 재구매율을 높이기 위한 랜딩 페이지를 만들어 보겠습니다.

Section **01**

포인트 이미지 만들기

내돈내산 포토 리뷰 이벤트에서 가장 핵심이 되는 포인트 이미지를 구매한 제품의 특징과 장점이 부각될 수 있게 만들어 보겠습니다.

▲ 예제 파일(part04-01.psd)

▲ 완성 파일(part04-01c.psd)

01 가져오기

❶ [파일] 메뉴의 [열기]를 선택해 'part04_01.psd'를 엽니다. 레이어 팔레트에서 [검정] 레이어를 선택합니
다. 이미지를 삽입하기 위해 [파일] 메뉴의 [포함 가져오기]를 선택합니다. ❷ [포함 가져오기] 대화상자가
나타나면 'sample\part04\매트.jpg'를 선택한 후 [가져오기] 버튼을 클릭합니다.

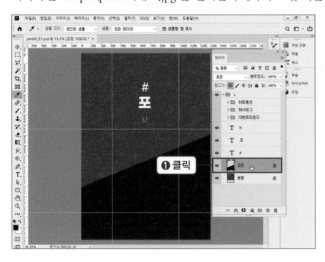
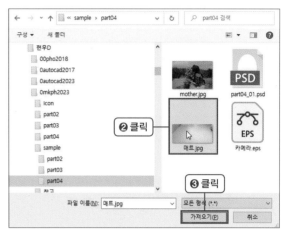

02 클리핑 마스크 만들기

❶ 다음 그림과 같이 크기와 위치를 설정한 후 [Enter]를 누릅니다. ❷ [검은색] 레이어 영역만큼만 이미지
를 보여 주기 위해 [매트] 레이어 위에 마우스 오른쪽 버튼을 클릭하면 나타나는 단축 메뉴 중에서 [클리핑
마스크 만들기]를 선택합니다.

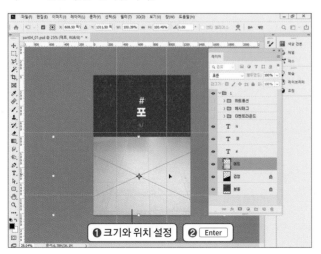
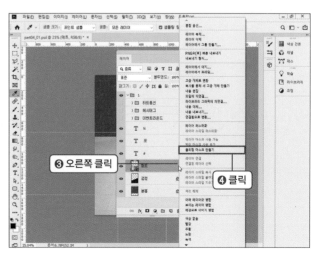

03 복사하고 크기 조절하기

① D를 눌러 전경색과 배경색을 초기화한 후 X를 눌러 전경색과 배경색을 전환합니다. 도형을 만들기 위해 도구 상자에서 사각형 도구 □를 선택한 후 그림과 같이 가이드라인에 맞게 드래그합니다. 레이어를 복사하기 위해 Ctrl +J를 누릅니다. ② [속성] 팔레트에서 [W: 637픽셀], [H: 635픽셀]을 입력합니다.

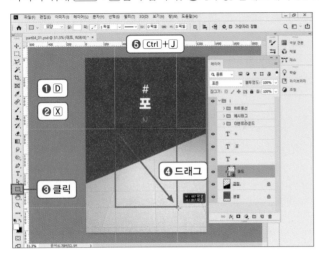

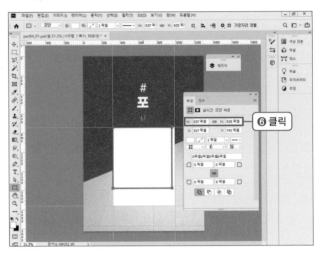

04 크기와 위치 조절하기

① 크기를 조절하기 위해 Ctrl +T를 누른 후 상부 옵션에서 참조점의 상대 위치 △를 클릭하고 [X: 15픽셀], [Y: 15픽셀]을 입력한 다음 Enter 를 누릅니다. ② 이미지를 삽입하기 위해 [파일] 메뉴의 [포함 가져오기]를 선택합니다. ③ [포함 가져오기] 대화상자가 나타나면 'sample\part04\mother.jpg'를 선택한 후 [가져오기] 버튼을 클릭합니다. 다음 그림과 같이 크기와 위치를 설정한 후 Enter 를 누릅니다.

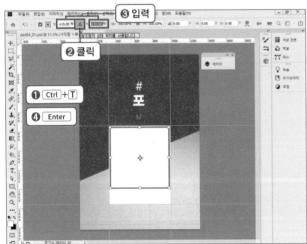

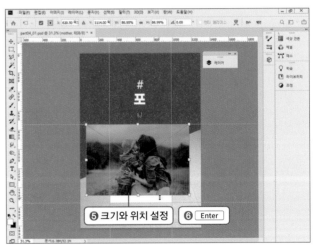

05 클리핑 마스크 만들기

❶ [mother] 레이어에 마우스 오른쪽 버튼을 클릭하면 나타나는 단축 메뉴 중에서 [클리핑 마스크 만들기]를 선택합니다. ❷ 하트 이미지 아이콘을 보여 주기 위해 레이어 팔레트에서 [해시태그] 레이어의 레이어 가시성◉을 클릭해 활성화합니다.

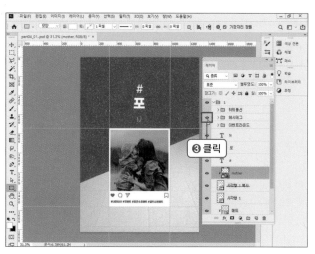

06 문자 입력하기

❶ 문자를 입력하기 위해 수평 문자 도구T를 선택한 후 #을 클릭합니다. ❷ '내돈내산'을 입력한 후 이동 도구⊕를 클릭합니다.

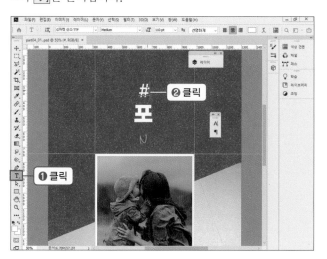
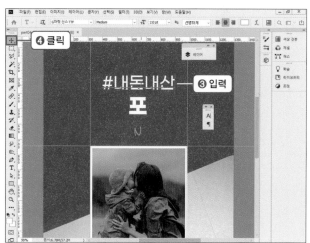

07

문자 입력하고 수정하기

① 다시 한번 수평 문자 도구 T 를 선택한 후 '포'를 클릭합니다. ② '토리뷰Event'를 입력한 후 문자를 수정하기 위해 'Event'를 드래그해 선택합니다. 문자의 굵기를 가늘게 조절하기 위해 [문자] 대화상자에서 굵기를 [Light]로 설정한 후 이동 도구 ✛ 를 클릭합니다.

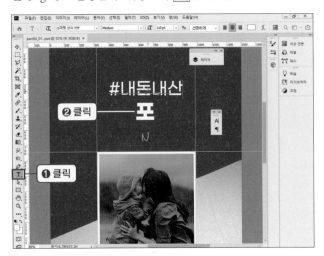

새로운 레이어 만들기

① 위와 똑같은 방법으로 'NS매트는 정매트'를 입력합니다. ② [포토 리뷰Event] 레이어를 선택한 후 새로운 레이어를 만들기 위해 Ctrl + Shift + N 을 누른 후 [새 레이어] 대화상자가 나타나면 [확인] 버튼을 클릭합니다.

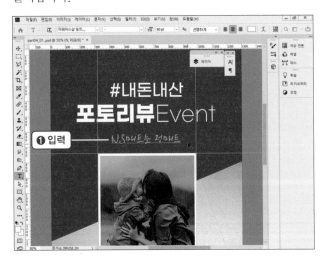

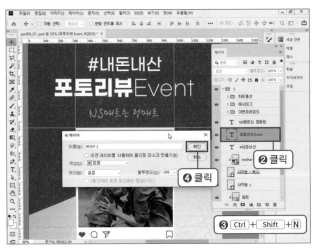

09 밑줄 만들기

❶ 밑줄을 만들기 위해 도구 상자에서 다각형 올가미 도구 를 선택한 후 다음 그림과 같이 사각형을 선택합니다. ❷ 색을 채우기 위해 [편집] 메뉴의 [칠]을 선택하면 나타나는 [칠] 대화상자에서 [내용] 항목의 [색상...]을 선택한 후 [확인] 버튼을 클릭합니다.

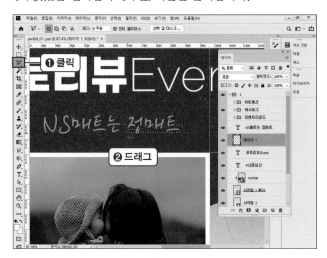

10 색 채우기

❶ [색상 피커(칠 색상)] 대화상자가 나타나면 [녹색]을 선택한 후 [확인] 버튼을 클릭합니다. ❷ 다시 [칠] 대화상자가 나타나면 [확인] 버튼을 클릭합니다.

11 획 색상 변경하기

❶ D를 눌러 전경색과 배경색을 초기화한 후 원을 만들기 위해 타원 도구 ⬭ 를 선택하고 빨간색 바탕을 클릭합니다. ❷ [타원 만들기] 대화상자가 나타나면 [폭: 100픽셀], [높이: 100픽셀]을 입력한 후 도형의 세부 사항을 변경하기 위해 [속성] 팔레트에서 모양 획 유형 ▱ 을 클릭한 후 [흰색]을 클릭합니다.

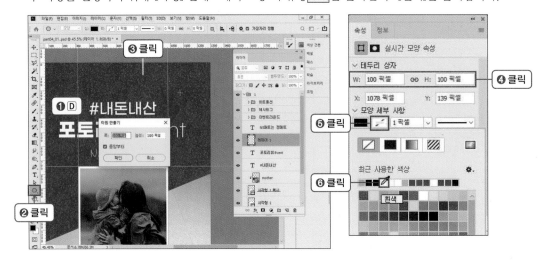

12 칠 색상 없애고 점선 만들기

❶ 칠 색상을 없애기 위해 모양 칠 유형 ■을 클릭한 후 [색상 없음]을 선택합니다. ❷ 도형 선 타입을 변경하기 위해 모양 획 유형 설정 ▭▾ 을 클릭한 후 [점선]을 선택합니다.

13 도형 크기 조절하기

❶ Ctrl + J 를 눌러 도형을 복사한 후 이동 도구 ✛ 를 이용해 왼쪽 하단으로 드래그합니다. ❷ 다시 타원 도구 ◯ 를 선택한 후 크기를 조절하기 위해 [속성] 팔레트에서 테두리 상자의 [W: 50픽셀], [H: 50픽셀]을 입력합니다.

14 타원 만들기

❶ 다른 원을 만들기 위해 타원 도구 ◯ 를 선택한 후 복사된 원 주위의 빨간색 바탕을 클릭합니다. [타원 만들기] 대화상자가 나타나면 [폭: 100픽셀], [높이; 100픽셀]을 입력한 후 [확인] 버튼을 클릭합니다. ❷ 도형의 세부 사항을 변경하기 위해 [속성] 팔레트에서 [모양 획 유형 칠 색상: 흰색], [획: 색상 없음]으로 설정합니다.

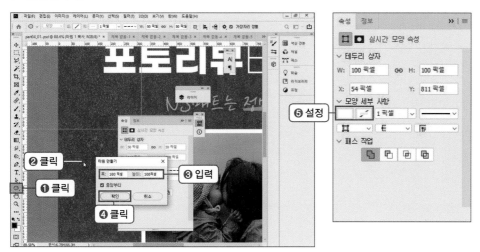

15 복사하기

❶ 이동 도구 ⊕를 선택한 후 타원형을 점선 도형과 겹치게 드래그하고 [타원 2] 레이어를 [불투명도: 50%]로 설정합니다. ❷ Ctrl + J를 눌러 도형을 복사한 후 이동 도구 ⊕를 선택하고 위쪽으로 드래그합니다.

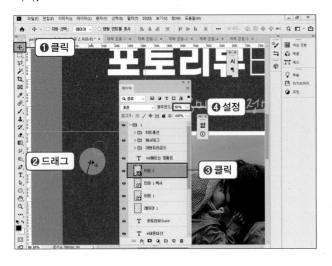 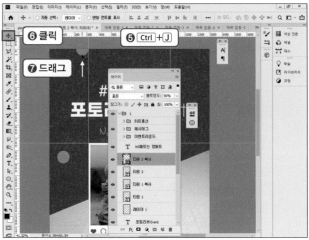

16 숨어 있는 레이어 보여 주기

❶ 다시 타원 도구 ◯를 선택한 후 크기를 조절하기 위해 [속성] 팔레트에서 테두리 상자의 [W: 200픽셀], [H; 200픽셀]을 입력합니다. ❷ 숨어 있는 레이어를 보여 주기 위해 레이어 팔레트에서 [이벤트라운드] 레이어의 레이어 가시성 ◉을 클릭해 활성화합니다.

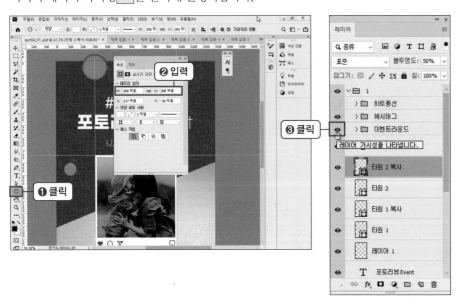

17 말풍선 만들기

❶ 모서리가 둥근 사각형 도구 □ 를 선택한 후 타원형 아래의 빨간색 바탕을 클릭합니다. [모서리가 둥근 사각형 만들기] 대화상자가 나타나면 [중앙부터]의 체크 표시를 해제한 후 [폭: 450픽셀], [높이: 150픽셀], [반경: 30픽셀](네 모서리 모두)을 입력하고 [확인] 버튼을 클릭합니다. ❷ 삼각형을 만들기 위해 다각형 도구 □ 를 선택한 후 빨간색 바탕을 클릭하면 나타나는 [다각형 만들기] 대화상자에서 [폭: 40픽셀], [높이: 40픽셀], [면의 수: 3]을 입력한 다음 [확인] 버튼을 클릭합니다.

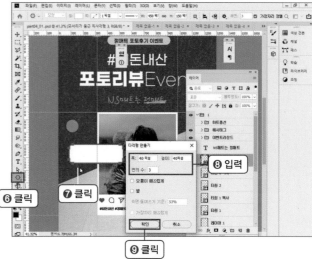

18 회전하기

❶ 삼각형을 회전하기 위해 Ctrl + T 를 누른 후 상부 옵션의 회전 △ 에 '90'을 입력하고 Enter 를 누릅니다. ❷ 이동 도구 ✛ 를 선택한 후 다음 그림과 같이 삼각형을 드래그합니다.

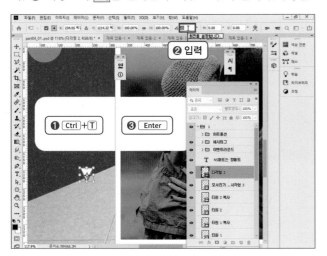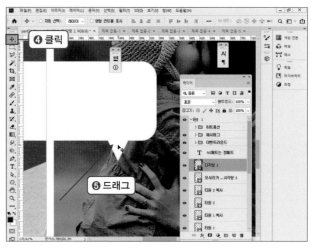

19 별 만들기

① 문자를 입력하기 위해 수평 문자 도구 T 를 선택한 후 흰색 사각형 위에 'ㅁ'을 입력하고 한자 를 누릅니다. ② 모양 리스트가 나타나면 [★]을 선택합니다.

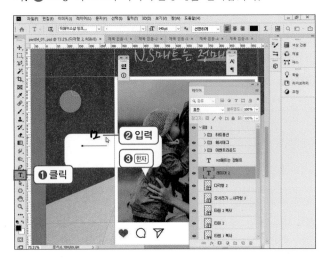 

20 글꼴, 색상 설정하기

① ★을 드래그해 선택한 후 문자 팔레스에서 [글꼴: 돋움], [색상: 주황색], [크기: 50pt]로 설정합니다.
② 이동 도구 ✛ 를 선택한 후 ★을 다음 그림과 같이 드래그합니다.

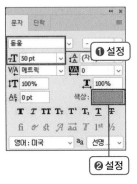 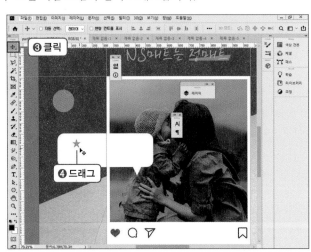

21 별 복사하기

❶ Ctrl + J 를 눌러 별 모양을 복사한 후 이동 도구 ✛ 를 선택하고 오른쪽으로 드래그합니다. ❷ 이와 똑같은 방법으로 별 모양을 3개 더 복사한 후 드래그합니다.

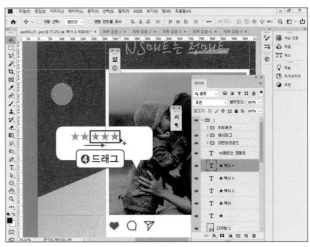

22 문자 입력하고 도형 크기 조절하기

❶ 수평 문자 도구 T 를 선택한 후 '푹신해서 아이가 좋아해요!'를 입력합니다. 글꼴은 여러분이 원하는 폰트, 크기를 적당하게 설정한 후 색상을 '검은색'으로 설정합니다. ❷ 도형의 크기를 조절하기 위해 레이어 팔레트에서 [모서리가 둥근 사각형 3] 레이어를 선택한 후 도구 상자에서 모서리가 둥근 사각형 도구 ⬜ 를 선택한 후 [속성] 대화상자에서 [폭: 400픽셀]을 입력합니다.

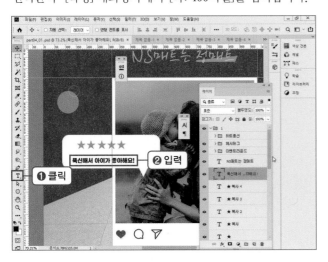

23 위치 조절하기

❶ 숨어 있는 레이어를 보여 주기 위해 레이어 팔레트에서 하트 풍선 그룹의 레이어 가시성  을 클릭해
활성화합니다. ❷ 이동 도구 를 선택한 후 하트 풍선 그룹, 별 모양, 모서리가 둥근 사각형, 문자, 삼각형
을 다음 그림과 같이 드래그합니다.

24 그룹 만들기

❶ 레이어 팔레트에서 여러 개의 레이어를 선택하기 위해
Ctrl 을 누른 채 8개의 레이어를 클릭합니다. ❷ 선택한 레이
어를 1개의 그룹으로 만들기 위해 레이어 팔레트 하단에 있는
[새 그룹 만들기] 를 클릭합니다.

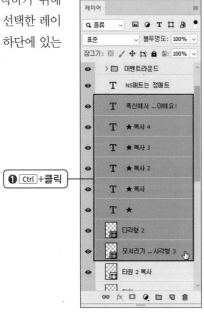

25 복사 이동하기

① 다시 한번 레이어 팔레트에서 [하트 풍선] 그룹과 [그룹 1]을 선택합니다. ② Ctrl + J 를 눌러 그룹 레이어를 복사한 후 이동 도구 ⊕ 를 선택하고 다음 그림과 같이 오른쪽으로 드래그합니다.

26 가로로 뒤집기

① [그룹 1 복사] 그룹의 [다각형 2]와 [모서리가 둥근 사각형 3]을 동시에 선택합니다. ② 이미지를 가로로 뒤집기 위해 [편집] 메뉴의 [변형]-[변경 가로로 뒤집기]를 선택합니다.

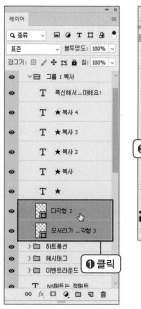

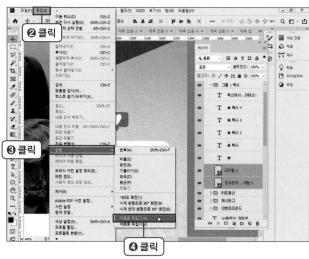

27 세로로 뒤집기

❶ [편집] 메뉴의 [변형]-[세로로 뒤집기]를 선택합니다. ❷ 이동 도구 ✛를 선택한 후 위쪽으로 약간 드래그합니다.

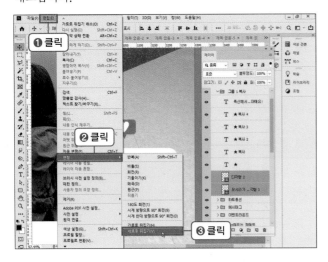 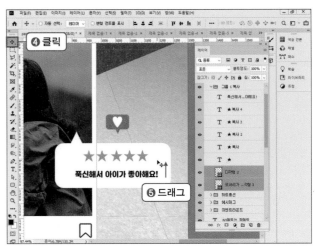

28 카메라 삽입하기

❶ 수평 문자 도구 T를 선택한 후 '뛰어도 소음이 안나요'를 입력합니다. ❷ [포토리뷰Event] 레이어를 선택한 후 이미지를 삽입하기 위해 [파일] 메뉴의 [포함 가져오기]를 선택합니다. [포함 가져오기] 대화상자가 나타나면 'sample\part04\카메라.eps'를 선택한 후 [가져오기] 버튼을 클릭합니다. 다음 그림과 같이 크기와 위치를 설정한 후 Enter 를 누릅니다.

29 전체 보기

이미지 전체를 보기 위해 도구 상자에서 손 도구(🖐)를 더블클릭합니다. 완성된 이미지가 보입니다. 다시 한번 반복적으로 따라해 보기 바랍니다.

참여 방법 만들기

이벤트를 진행할 경우, 참여 방법에 따라 유입량이 달라질 수 있기 때문에 주목성 높게 디자인해야 합니다.

▲ 예제 파일(part04-02.psd)

▲ 완성 파일(part04-02c.psd)

01 배경 색상 설정하기

❶ [파일] 메뉴의 [열기]를 선택해 'part04_02.psd'를 엽니다. 레이어 팔레트에서 [배경] 레이어를 선택합니다. ❷ 색상을 채우기 위해 [편집] 메뉴의 [칠]을 선택하면 나타나는 [칠] 대화상자의 [내용] 항목을 [색상...]으로 선택한 후 [확인] 버튼을 클릭합니다.

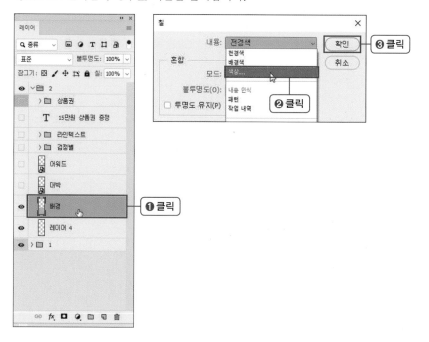

02 배경 색상 채우기

❶ [색상 피커(칠 색상)] 대화상자가 나타나면 [R: 240], [G: 160], [B: 30]을 입력한 후 [확인] 버튼을 클릭합니다. ❷ 다시 [칠] 대화상자가 나타나면 [투명도 유지]에 체크 표시를 한 후 [확인] 버튼을 클릭합니다.

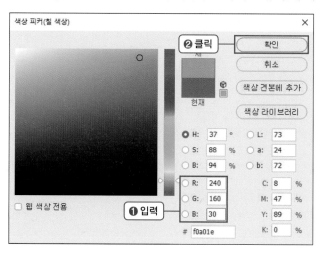

03 점묘화 만들기

❶ 점을 찍어 그림을 그리는 듯한 느낌을 만들기 위해 [필터] 메뉴의 [픽셀화]-[점묘화...]를 선택합니다.

❷ [점묘화] 대화상자가 나타나면 [셀 크기: 5]를 입력한 후 [확인] 버튼을 클릭합니다.

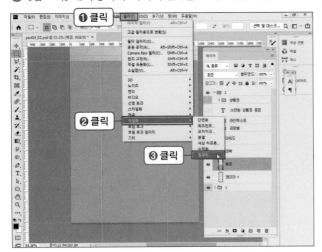
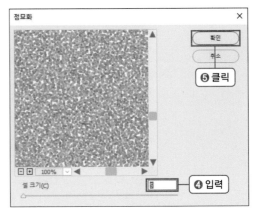

04 유사 영역 선택하기

❶ 도구 상자에서 자동 선택 도구 를 선택한 후 상부 옵션에서 [허용치: 10]을 입력하고 이미지를 확대해 흰색 부분을 클릭합니다. ❷ 선택한 부분과 같은 색을 선택하기 위해 [선택] 메뉴의 [유사 영역 선택]을 선택합니다.

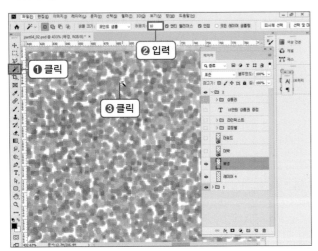
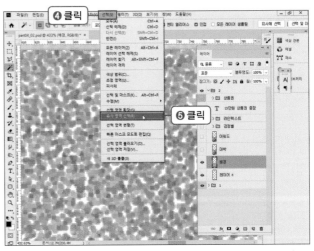

안내선을 한꺼번에 삭제하려면 [보기]-[안내선 지우기]를 선택하면 됩니다. 1개의 안내선을 지우려면 이동 도구 ⊹ 로 삭제하고자 하는 안내선을 다른 안내선까지 드래그하면 됩니다.

안내선 방향 바꾸기

안내선의 방향을 바꾸려면 이동 도구 ⊹ 를 선택한 후 Alt 를 누른 채 안내선을 클릭하면 됩니다. Alt 를 누른 채 안내선을 드래그해도 되지만 안내선의 위치가 변경될 수 있습니다.

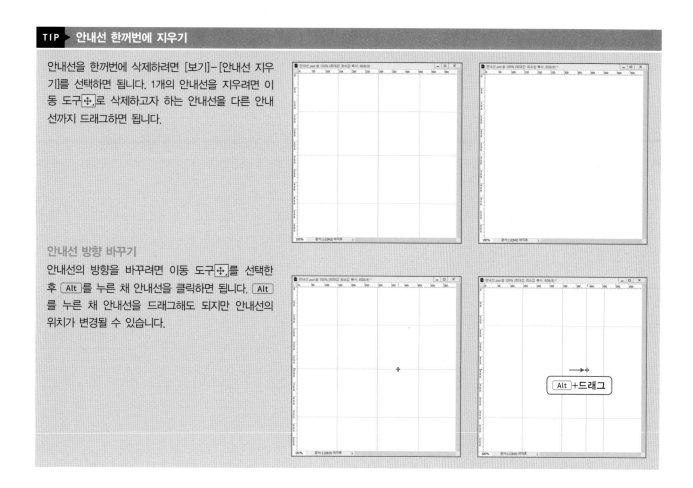

05 색상 설정하기

❶ 색을 채우기 위해 [편집] 메뉴의 [칠]을 선택합니다. [칠] 대화상자가 나타나면 [내용] 항목을 [색상...]으로 설정한 후 [확인] 버튼을 클릭합니다. ❷ [색상 피커(칠 색상)] 대화상자가 나타나면 [R: 255], [G: 189], [B: 52]를 입력한 후 [확인] 버튼을 클릭합니다.

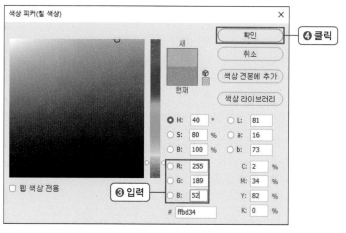

06 새 레이어 만들기

❶ 다시 [칠] 대화상자가 나타나면 [투명도 유지]의 체크 표시를 해제하고 [확인] 버튼을 클릭합니다.
Ctrl + D를 눌러 선택 영역을 해제합니다. ❷ 새로운 레이어를 만들기 위해 Ctrl + Shift + N을 누른 후
[새 레이어] 대화상자가 나타나면 [확인] 버튼을 클릭합니다.

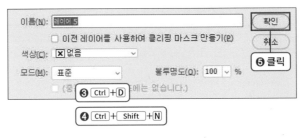

07 영역 선택하기

❶ 도구 상자에서 사각형 선택 윤곽 도구[⋮⋮]를 선택한 후 다음 그림과 같이 드래그해 노란색 영역을 선택
합니다. ❷ 색을 채우기 위해 [편집] 메뉴의 [칠]을 선택하면 나타나는 [칠] 대화상자에서 [내용] 항목을
[색상...]으로 설정한 후 [확인] 버튼을 클릭합니다.

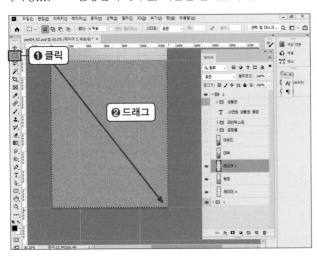

TIP ▶ 안내선 보이고 감추기

안내선을 보이게 하려면 Ctrl + H를 누르고, 보이지 않게 하려면 Ctrl + H를 다시 한 번 누릅니다.

08 색상 채우기

❶ [색상 피커(칠 색상)] 대화상자가 나타나면 [R: 255], [G: 130], [B: 52]를 입력한 후 [확인] 버튼을 클릭합니다. ❷ 다시 [칠] 대화상자가 나타나면 [투명도 유지]의 체크 표시를 해제한 후 [확인] 버튼을 클릭합니다. Ctrl + D를 눌러 선택 영역을 해제합니다.

09 레이어 보여 주기

❶ [레이어 5] 레이어의 불투명도를 '50%'로 설정합니다. ❷ Ctrl + E를 눌러 [레이어 5] 레이어와 [배경] 레이어를 합칩니다. [대박] 레이어, [어워드] 레이어, [검정별] 그룹의 레이어의 레이어 가시성 👁 을 클릭해 활성화합니다.

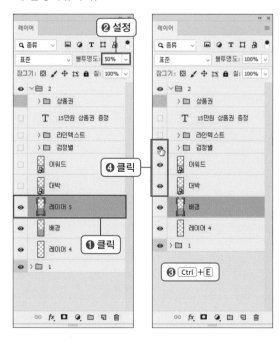

10 밑줄 만들기

❶ [15만원 상품권 증정] 레이어의 레이어 가시성 을 클릭해 활성화한 후 [15만원 상품권 증정] 레이어를 선택합니다. 수평 문자 도구 T를 선택한 후 '15만원 상품권 증정' 문자를 모두 선택합니다. ❷ 문자에 언더라인을 만들기 위해 문자 팔레트에서 밑줄 T 아이콘을 클릭합니다.

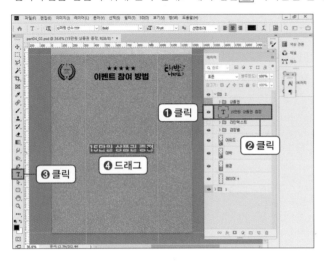

11 문자 선택하기

❶ 레이어 팔레트에서 [라인텍스트] 그룹의 레이어 가시성 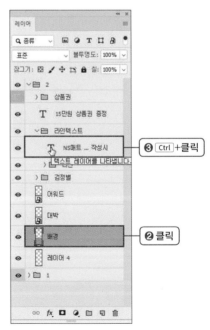을 클릭해 활성화합니다. ❷ [배경] 레이어를 선택한 후 Ctrl을 누른 채 [라인텍스트] 그룹 내에 있는 [NS매트..작성시] 레이어를 클릭합니다.

12 선택 빼기

❶ 사각형 선택 윤곽 도구 [::] 를 선택한 후 상부 옵션의 [선택 영역에서 빼기] 를 클릭합니다. ❷ 다음 그림과 같이 드래그해 선택 영역을 뺍니다.

13 레이어 복사하기

❶ 다시 한번 드래그해 선택 영역을 뺍니다. ❷ [Ctrl]+[J]를 눌러 선택 영역을 복사한 후 [레이어 5] 레이어를 위로 드래그합니다.

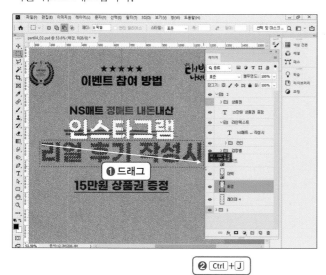

❷ [Ctrl]+[J]

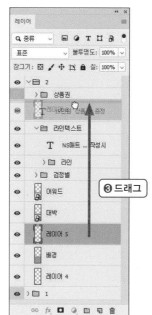

14 흑백 만들기

❶ [레이어 5] 레이어의 [새 칠 또는 조정 레이어] 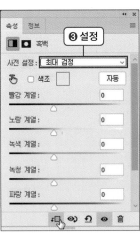를 클릭한 후 [흑백...]을 선택합니다. ❷ [속성] 팔레트가 나타나면 [사전 설정] 항목을 [최대 검정]으로 선택합니다.

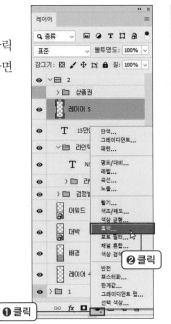

15 이미지 변형하기

❶ [레이어 5] 레이어 영역만큼만 흑백을 적용하기 위해 [레이어] 메뉴의 [클리핑 마스크 만들기]를 선택합니다. [상품권] 그룹의 레이어 가시성 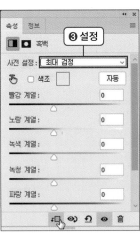을 클릭해 활성화한 후 그룹 내에 있는 [그림자] 레이어를 선택합니다. ❷ 이미지를 변형하기 위해 [편집] 메뉴의 [변경]-[뒤틀기]를 선택합니다.

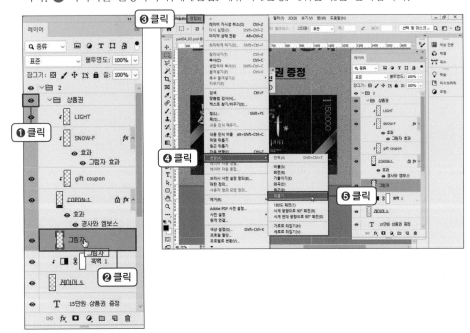

16 변형하기

❶ 조절점을 이용해 그림과 같이 이미지를 변형한 후 이동 도구 를 클릭합니다. ❷ 이미지를 자유롭게
변형하기 위해 (Ctrl) + (T)를 누릅니다.

17 선택하기

❶ (Shift)와 (Alt)를 누른 후 오른쪽 가운데 조절점을 왼쪽으로 드래그하고 이동 도구 를 클릭합니다.
❷ 그림자 영역을 선택하기 위해 (Ctrl)을 누른 채 그림자 레이어 축소판 을 클릭합니다.

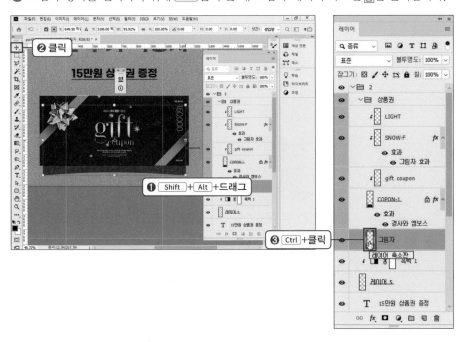

18 이미지 숨기기

❶ 새로운 레이어를 만들기 위해 [Ctrl]+[Shift]+[N]을 누르면 나타나는 [새 레이어] 대화상자에서 [확인] 버튼을 클릭합니다. ❷ [그림자] 레이어의 레이어 가시성 ◉을 클릭해 비활성화합니다.

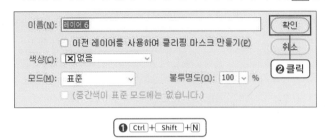

19 그림자 만들기

❶ [D]를 눌러 전경색과 배경색을 초기화합니다. 도구 상자에서 그레이디언트 도구 ▣를 선택한 후 상부 옵션에서 그레이디언트 편집기 ▮▮▮▮를 클릭하면 나타나는 [그레이디언트 편집기] 대화상자의 [사전 설정]에서 두 번째 그레이디언트를 선택한 후 [확인] 버튼을 클릭합니다. ❷ 상부 옵션에서 반사 그레이디언트 ▣를 선택한 후 가운데 지점에서 오른쪽 방향으로 드래그합니다.

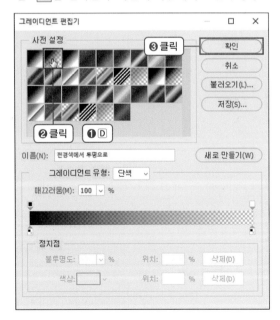

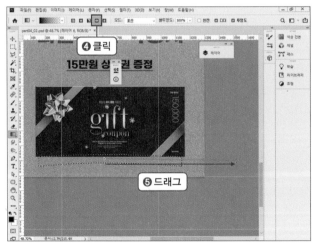

20 이동하기

❶ Ctrl + D 를 눌러 선택을 해제한 후 레이어 팔레트에서 [레이어 6] 레이어의 [불투명도]를 '50%'로 설정합니다. ❷ 이동 도구 ✛ 를 선택한 후 위쪽으로 드래그합니다.

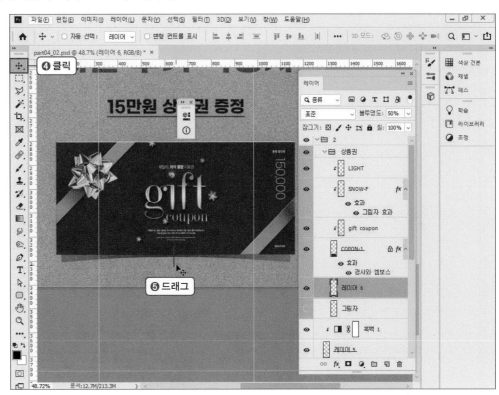

작성 버튼 완성하기

이벤트에 대한 모든 내용을 숙지한 후에는 버튼을 눌러 실제로 참여해야 합니다. 이번에는 클릭을 유도할 수 있는 키워드, 색상, 이미지를 만들어 보겠습니다.

▲ 예제 파일(part04-03.psd)

▲ 완성 파일(part04-03c.psd)

01 사각형 영역 만들기

❶ [파일] 메뉴의 [열기]를 선택해 'part04_03.psd'를 엽니다. [3] 그룹 내에 있는 [삼각형] 그룹의 레이어 가
시성 👁 을 클릭해 활성화합니다. ❷ [2] 그룹 내에 있는 [배경] 레이어를 선택한 후 사각형 선택 윤곽 도구
▯ 를 선택하고 다음 그림과 같이 드래그해 사각형 영역을 만듭니다.

02 레이어 만들고 이동하기

❶ 선택된 영역을 레이어로 복사하기 위해 Ctrl + J 를 누릅니다. ❷ [레이어 9] 레이어를 2 그룹의 맨 위
로 이동하기 위해 Ctrl + Shift +] 를 누른 후 삼각형 그룹의 [다각형 2] 레이어 위로 드래그합니다.

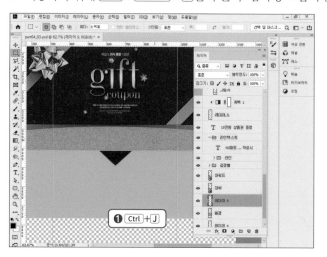

03 삼각형 만들기

❶ 이동 도구 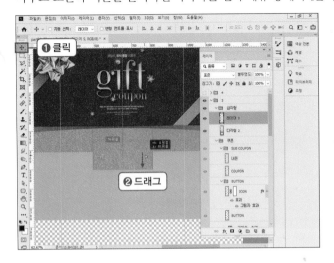를 선택한 후 다음 그림과 같이 삼각 도형 위로 드래그합니다. ❷ [레이어 9] 레이어 위에 마우스 오른쪽 버튼을 클릭하면 나타나는 단축 메뉴 중에서 [클리핑 마스크 만들기]를 선택합니다.

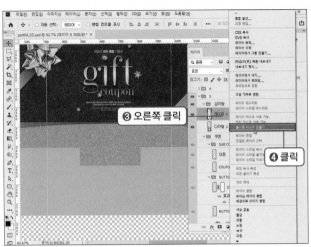

04 그림자 효과 주기

❶ 쿠폰 그룹 내에 있는 [BUTTON] 그룹의 레이어 가시성 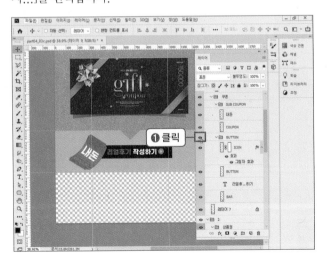을 클릭해 활성화합니다. ❷ [BAR] 레이어를 선택한 후 그림자를 만들기 위해 레이어 팔레트 아래에 있는 [레이어 스타일 추가] 를 클릭하고 [그림자...]를 선택합니다.

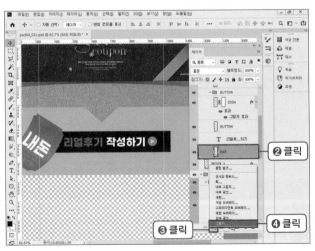

05 색상 설정하기

❶ [레이어 스타일] 대화상자가 나타나면 [드롭 섀도]–[구조] 항목의 [검은색]을 클릭합니다. ❷ [색상 피커(그림자 색상)] 대화상자가 나타나면 [R: 244], [G: 53], [B: 119]를 입력한 후 [확인] 버튼을 클릭합니다.

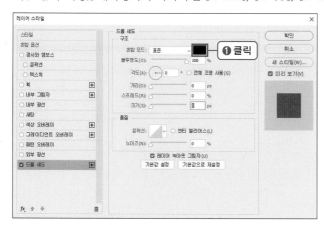
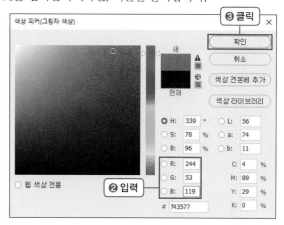

06 옵션 설정하기

❶ 다시 [레이어 스타일] 대화상자가 나타나면 [혼합 모드: 곱하기], [각도: 30], [거리: 77], [스프레드: 0], [크기: 82]로 설정한 후 [확인] 버튼을 클릭합니다. ❷ [쿠폰] 그룹 내에 있는 [COUPON] 레이어를 선택합니다. 도형을 자유롭게 만들기 위해 펜 도구 ⬙를 선택한 후 상부 옵션에서 선택 유형 모드를 [모양]으로 설정하고 [칠 유형]과 [획 유형]을 모두 [없음] ⬚으로 설정합니다.

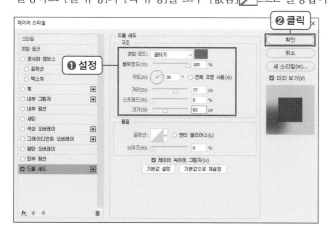

07 곡선 만들기

① 세 점을 클릭해 곡선을 만듭니다. ② 직접 선택 도구 ▶.를 선택한 후 곡선을 좀 더 부드럽게 만듭니다.

 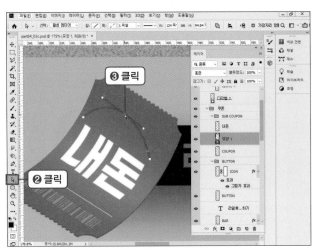

08 곡선 문자 만들기

① 수평 문자 도구 T.를 선택한 후 곡선의 시작점을 클릭합니다. ② 상부 옵션에서 글꼴을 여러분이 원하는 것으로 설정한 후 [크기: 16pt], [색상: 흰색]으로 설정하고 'MEMBERSHIP EVENT'를 입력합니다.

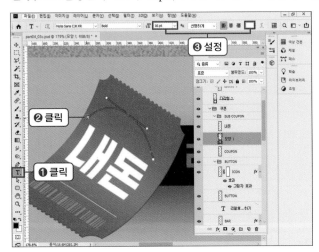 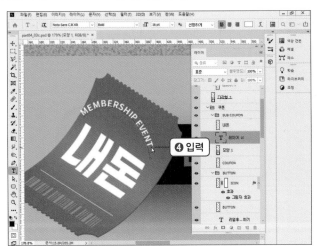

09 문자 이동하기

❶ 직접 선택 도구 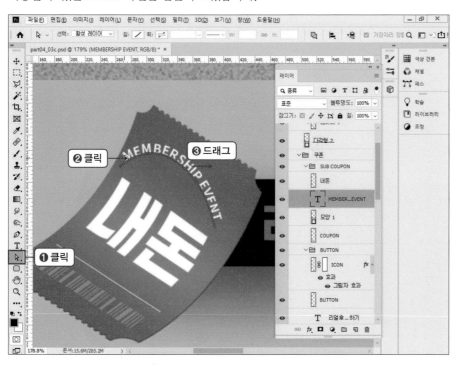를 선택한 후 문자의 맨 앞을 클릭하고 오른쪽으로 조금 드래그해 문자가 곡선의 가운데에 배치되도록 합니다. ❷ [4] 그룹의 레이어 가시성 👁을 클릭해 활성화합니다. 실제로 인터넷에서 사용할 수 있는 HTML 파일을 만들어 보겠습니다.

HTML 파일 만들기(URL 링크)

랜딩 페이지는 포토샵으로 이미지를 만든 후 그 이미지를 각종 SNS에 사용합니다. 그중에서 html 파일에 이미지를 삽입하고 CSS, 스크립트 소스 코딩을 이용해 실무에 사용합니다. 이번에는 분할 도구 ✎ 를 이용해 url 링크를 걸어 준 후 html 파일을 만들어 보겠습니다.

▲ 완성 파일(real.html)

▲ 작성 후기에 링크된 사이트

01 버튼 영역 설정하기

❶ 리얼후기 이벤트 이미지를 html로 만들어 보겠습니다. 가장 먼저 [후기 작성하기] 버튼이 만들어질 영역을 설정하겠습니다. 분할 영역 도구 ✎.를 선택한 후 '리얼후기 작성하기' 주변의 사각형 영역을 설정합니다. ❷ 분할된 영역에 링크를 걸기 위해 분할 영역 도구 ✎.를 선택한 후 분할 번호 ██를 더블클릭합니다.

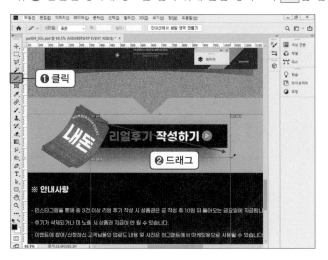
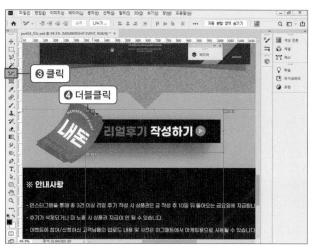

02 링크 걸기

❶ [분할 영역 옵션] 대화상자가 나타나면 이름, URL, 대상, 메시지 텍스트, Alt 태그를 다음 그림과 입력한 후 [확인] 버튼을 클릭합니다. ❷ [파일] 메뉴의 [내보내기]-[웹용으로 저장(레거시)...]을 선택합니다.

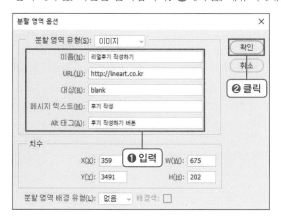
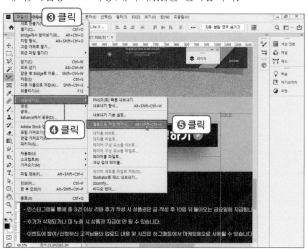

- 분할 영역 유형: 이미지 없음, 이미지, 표를 선택할 수 있습니다.
  - 이름: 영역 이름을 설정합니다.
  - URL: 링크할 사이트 주소를 입력합니다.
  - 대상: 새 창에서 링크 사이트를 열 것인지, 현재 창에서 열 것인지에 대한 코드를 입력합니다.
    - blank: 새 창에서 링크 사이트를 오픈합니다.
    - self: 현재 창에서 링크 사이트가 오픈됩니다.
  - 메시지 텍스트: 이미지의 메시지를 나타냅니다.
  - Alt 태그: 이미지가 노출되지 않을 경우에 나타나는 보조 설명입니다.
- 치수: 분할 영역의 위치와 크기를 나타냅니다.
- 분할 영역 배경 유형: 없음, 매트, 흰색, 검은색, 기타를 설정할 수 있습니다.

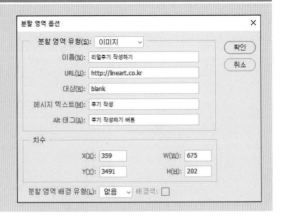

03 웹용으로 저장하기

❶ [웹용으로 저장] 대화상자가 나타나면 [확장자: JPEG], [품질: 100]으로 설정한 후 [저장] 버튼을 클릭합니다. ❷ [최적화 다른 이름으로 저장] 대화상자가 나타나면 [형식]을 [HTML 및 이미지]로 선택한 후 [파일 이름]에 'real.html'을 입력하고 [저장] 버튼을 클릭합니다.

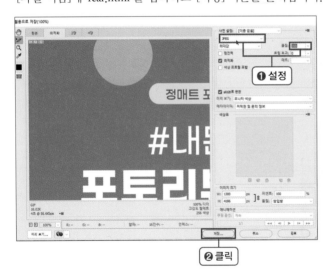

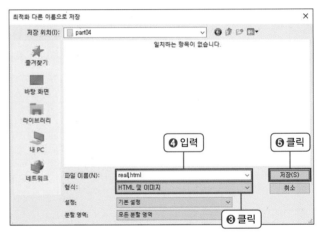

04 웹 브라우저 확인하기

저장된 폴더를 보면 images 폴더가 만들어진 것을 확인할 수 있습니다. 'real.html'을 선택한 후 마우스 오른쪽 버튼을 클릭하면 나타나는 단축 메뉴 중에서 [연결 프로그램]-[Google Chrome]을 선택합니다. 크롬 웹 브라우저에서 이미지와 함께 html 파일이 열린 것을 확인할 수 있습니다.

05 링크 확인하기

[리얼후기 작성하기]에 마우스 커서를 올려놓으면 손가락 모양이 나타납니다. 클릭하면 포토샵에서 설정한 웹 사이트가 열리는 것을 확인할 수 있습니다. html 파일 편집기를 이용해 구성을 좀 더 디테일하게 설정해 실무에 사용하면 됩니다.

Part ▶ 05

PT 룸 할인 행사
랜딩 페이지 만들기

헬스장, PT 룸, 요가 분야는 많은 할인 행사를 통해 신규 회원을 모집합니다. 할인 행사를 하기 위해서는 랜딩 페이지를 만든 후 온라인에서 마케팅을 진행해야 합니다. PT 룸 회원을 모집하기 위한 할인 행사 랜딩 페이지를 만들어 보겠습니다.

메인 카피 만들기

할인 행사 이미지에 사용할 메인 이미지와 메인 카피를 만들어 보겠습니다. 컬러 이미지를 불러와 흑백 이미지로 변경한 후 빛 반사, 문자 그레이디언트, 크랙 효과를 만들어 보겠습니다.

▲ 예제 파일(part05-01.psd)

▲ 완성 파일(part05-01c.psd)

가져오기

❶ [파일] 메뉴의 [열기]를 선택해 'part05_01.psd'를 연 후 레이어 팔레트에서 [1] 그룹의 [bg] 레이어를 선택합니다. 이미지를 삽입하기 위해 [파일] 메뉴의 [포함 가져오기...]를 선택합니다. ❷ [포함 가져오기] 대화상자가 나타나면 'sample\part05\남자.jpg'를 선택한 후 [가져오기] 버튼을 클릭합니다.

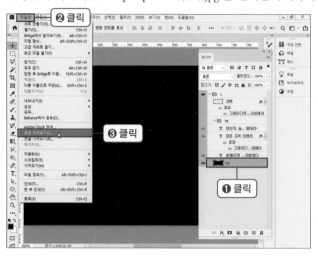 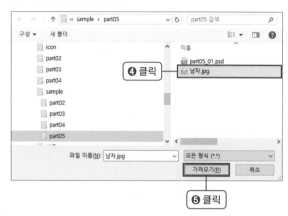

02 **흑백 만들기**

❶ 다음 그림과 같이 크기와 위치를 설정한 후 [Enter]를 누릅니다. ❷ 흑백 이미지를 만들기 위해 [새 칠 또는 조정 레이어]를 클릭한 후 [흑백...]을 선택합니다.

03 속성 설정하기

❶ [흑백 속성] 탭에서 [사전 설정] 항목을 [최대 검정]으로 설정한 후 [클리핑 마스크 만들기] 🔲 를 클릭합니다. ❷ 빛의 양을 조절하기 위해 [새 칠 또는 조정 레이어] 🔘 를 클릭한 후 [노출...]을 선택합니다.

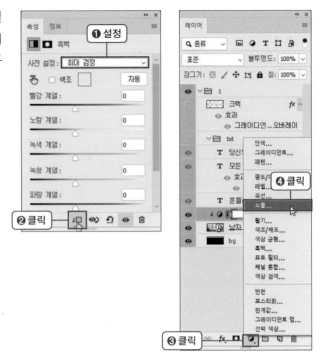

04 속성 조정하기

❶ [노출 속성] 탭에서 [노출: -1.8], [감마 교정: 0.60]을 입력한 후 [클리핑 마스크 만들기] 🔲 를 클릭합니다. ❷ 명암을 조절하기 위해 다시 한번 [새 칠 또는 조정 레이어] 🔘 를 클릭한 후 [레벨...]을 선택합니다.

05 레벨 조절하기

❶ [레벨 속성] 탭에서 맨 마지막의 슬라이더 값에 '132'를 입력한 후 [클리핑 마스크 만들기] 를 클릭합니다. ❷ 보이지 않는 이미지를 보여 주기 위해 [txt] 그룹의 레이어 가시성 👁을 클릭합니다.

06 그레이디언트 칠하기

❶ ⒟를 눌러 전경색과 배경색을 초기화합니다. [모든 고객 이벤트] 레이어를 선택한 후 문자에 색상을 입히기 위해 [레이어 스타일 추가] *fx*를 누르고 [그레이디언트 오버레이...]를 선택합니다. ❷ [레이어 스타일] 대화상자가 나타나면 [그레이딘트오버레이]–[그레이디언트] 항목에 [혼합 모드: 표준], [불투명도: 100%], [스타일: 선형], [각도: 0]을 입력한 후 그레이디언트 오버레이를 선택합니다. 색상을 변경하기 위해 [그레이디언트 편집]을 클릭합니다.

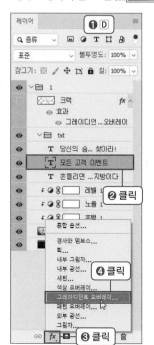
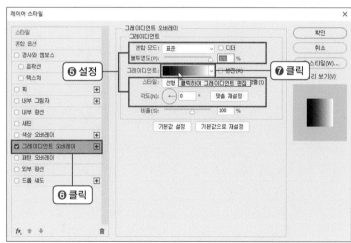

07 전경색 변경하기

❶ [그레이디언트 편집기] 대화상자가 나타나면 맨 앞의 색상 정지점📱을 더블클릭합니다. ❷ [색상 피커 (정지 색상)] 대화상자가 나타나면 [R: 10], [G: 205], [B: 120]을 입력한 후 [확인] 버튼을 클릭합니다.

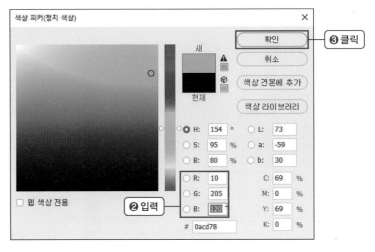

08 배경색 변경하기

❶ 다시 [그레이디언트 편집기] 대화상자가 나타나면 맨 뒤의 색상 정지점📱을 더블클릭합니다. ❷ [색상 피커(정지 색상)] 대화상자가 나타나면 [R: 10], [G: 170], [B: 205]를 입력한 후 [확인] 버튼을 클릭합니다.

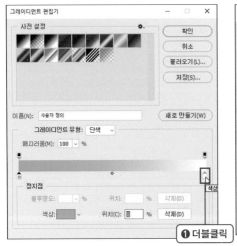
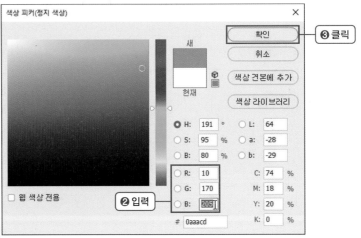

09 금이 간 문자 만들기

❶ [그레이디언트 편집기] 대화상자가 나타나면 [확인] 버튼을 누릅니다. 다시 [레이어 스타일] 대화상자가 나타나면 [확인] 버튼을 클릭합니다. ❷ 문자에 금이 간 느낌을 만들어 주기 위해 [크랙] 레이어를 선택한 후 레이어 가시성 👁 을 클릭해 활성화합니다.

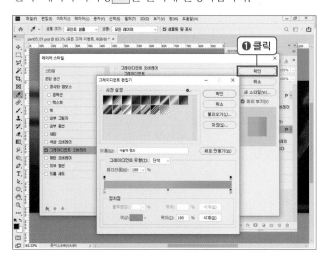
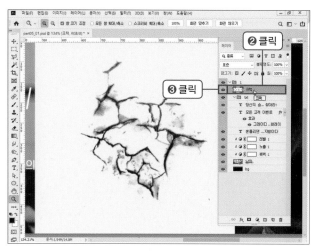

10 선명하게 만들기

❶ 이미지를 선명하게 만들기 위해 [이미지] 메뉴의 [조정]-[레벨...]을 선택합니다. ❷ [레벨] 대화상자가 나타나면 흰색 점 스포이트 🖊 를 클릭한 후 다음 그림과 같이 회색 부분을 클릭합니다.

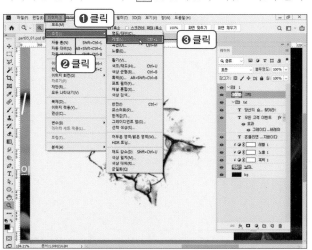
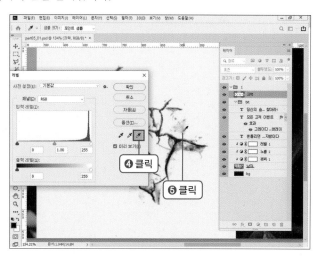

TIP　흰색 점 스포이트 🖊

클릭한 부분의 색상과 같거나 밝은 영역은 흰색으로 변경됩니다.

11 레벨 값 조정하기

❶ 입력 레벨의 맨 앞 값에 '50'을 입력한 후 [확인] 버튼을 클릭합니다. ❷ 검은색 영역의 폭을 좁히기 위해 [필터] 메뉴의 [기타]-[최대값...]을 선택합니다.

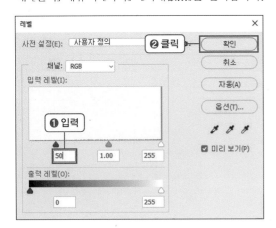
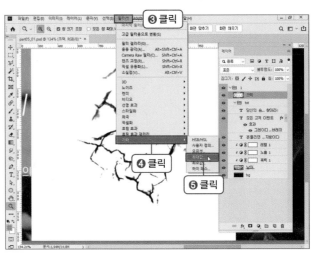

12 최대값을 설정하고 브랜딩 모드 설정하기

❶ [최대값] 대화상자가 나타나면 반경에 '1'을 입력한 후 [확인] 버튼을 클릭합니다. ❷ [레이어] 탭의 [블랜딩 모드]를 [곱하기]로 설정합니다.

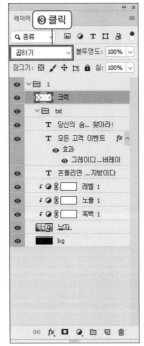

최대값, 최소값 필터

최대값 필터는 이미지에서 가장 밝은 픽셀의 양을 늘려 주고 최소값 필터는
가장 어두운 픽셀의 양을 늘려 줍니다.

■ **최대값을 설정한 경우**

최대값을 '2픽셀'로 설정한 경우, 흰색
영역은 넓어지고 검은색 영역은 좁아집
니다.

■ **최소값을 설정한 경우**

최소값을 '2픽셀'로 설정한 경우, 검은
색 영역은 넓어지고 흰색 영역은 좁아집
니다.

13 문자 영역 선택하기

❶ 이동 도구 를 선택한 후 크랙이 잘 보이게 드래그합니다. ❷ 문자 영역을 선택하기 위해 Ctrl 을 누른
채 [모든 고객 이벤트] 레이어를 클릭합니다.

14 그림자 만들기

❶ 문자 영역만큼만 이미지를 보여 주기 위해 레이어 마스크
추가 🔲를 클릭합니다. ❷ [모든 고객 이벤트] 레이어를 선택
한 후 문자의 그림자를 만들기 위해 [레이어 스타일] fx.의 [그
림자...]를 선택합니다.

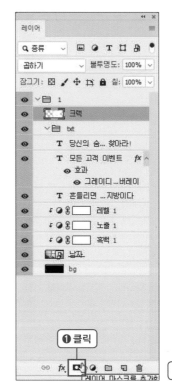
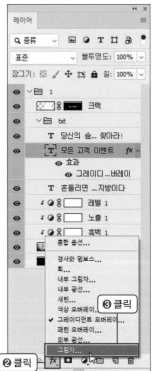

15 스타일 복사하기

❶ [레이어 스타일] 대화상자가 나타나면 [드롭 섀도] 항목의 [혼합 모드]를 [표준]으로 설정한 후 색상을 [검은색]으로 설정합니다. [불투명도]에 '100', [거리: 0], [스프레드: 0], [크기: 5]를 입력하고 [확인] 버튼을 클릭합니다. ❷ 모든 [고객 이벤트] 레이어 위에 마우스 오른쪽 버튼을 클릭하면 나타나는 단축 메뉴 중에서 [레이어 스타일 복사]를 선택합니다.

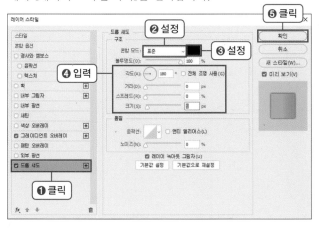

16 스타일 붙여넣기

❶ [당신의 숨...찾아라] 레이어를 선택한 후 레이어를 추가로 선택하기 위해 [Ctrl]을 누른 채 [흔들리면..지방이다] 레이어를 클릭합니다. ❷ 복사한 스타일을 붙여넣기 위해 마우스 오른쪽 버튼을 클릭하면 나타나는 단축 메뉴 중에서 [레이어 스타일 붙여넣기]를 선택합니다.

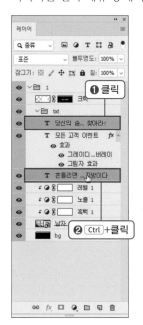

17 새로운 레이어 만들기

❶ 2개의 레이어에서 그레이디언트 오버레이의 레이어 가시성 을 눌러 효과를 없앱니다. ❷ [남자] 레이어를 선택합니다. 새로운 레이어를 만들기 위해 Ctrl + Shift + N을 누르면 나타나는 [새 레이어] 대화 상자에서 [이름]에 '컬러'를 입력한 후 [확인] 버튼을 클릭합니다.

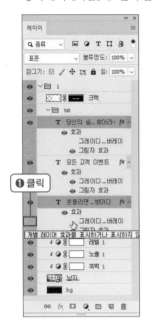

18 전경색 설정하기

❶ 전경색을 변경하기 위해 도구 상자에서 전경색■을 클릭합니다. [색상 피커(전경색)] 대화상자가 나타나면 [R: 5], [G: 180], [B: 190]을 입력한 후 [확인] 버튼을 클릭합니다. ❷ [컬러] 레이어를 [레벨 1] 레이어 위로 드래그합니다.

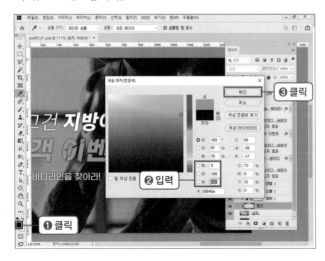

19 색칠하기

① 조명에 반사된 느낌을 만들기 위해 브러시 도구 ✏️ 를 선택한 후 적당한 크기의 브러시로 팔 부분을 색칠합니다. ② 목과 어깨 부분도 색칠합니다.

20 지우기

① [컬러] 레이어의 [블랜딩 모드]를 [오버레이]로 설정합니다. ② 지우개 도구 ✏️ 를 선택한 후 팔뚝 영역을 벗어난 부분을 문지릅니다.

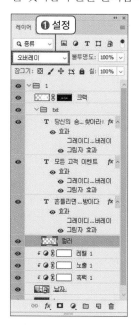 

21 불투명도 설정하기

❶ 어깨와 목 부분을 벗어난 부분도 문질러서 제거합니다. ❷ [불투명도: 40%]로 설정합니다.

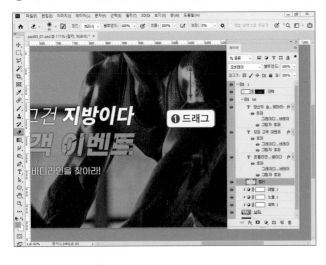

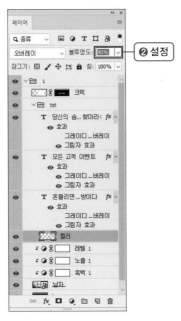

22 확인하기

손 도구 를 더블클릭해 전체 이미지를 확인합니다.

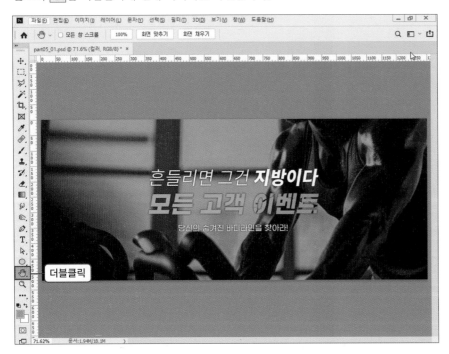

이용권 만들기

모서리가 둥근 직사각형, 그레이디언트, 문자를 이용해 PT 룸 이용권을 만들어 보겠습니다. 덤벨 사진은 배경을 제거해 크기와 위치를 설정합니다.

▲ 예제 파일(part05-02.psd)

▲ 완성 파일(part05-02c.psd)

01 모서리가 둥근 사각형 만들기

❶ [파일] 메뉴의 [열기]를 선택해 'part05_02.psd'를 연 후 [2] 그룹의 [bg] 레이어를 선택하고 단축키 D를 눌러 전경색과 배경색을 초기화합니다. 모서리가 둥근 직사각형 도구 ◻를 선택한 후 상부 옵션에서 유형을 모양 ∨으로 선택한 후 모양 칠 유형 ■을 검은색, 모양 획 유형 ✎을 없음 ✎으로 설정합니다. 반경에 '30픽셀'을 입력합니다. ❷ 다음 그림과 같이 안내선에 맞춰 사각형을 만듭니다. 만약 안내선이 나타나지 않으면 Ctrl+H를 누르면 됩니다.

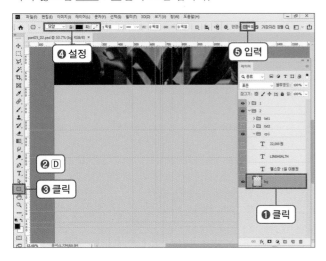

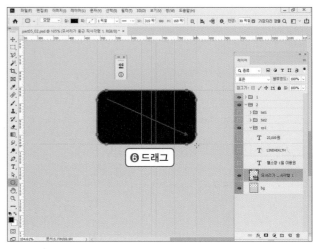

02 사각형 합치기

❶ 도구 상자에서 사각형 도구 ◻를 선택한 후 도형을 합치기 위해 상부 옵션 패스 작업에서 모양 결합 🖿을 선택합니다. ❷ 다음 그림과 같이 좌측 하단, 우측 상단에 적당한 크기의 사각형을 만듭니다.

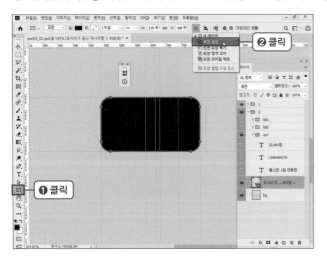

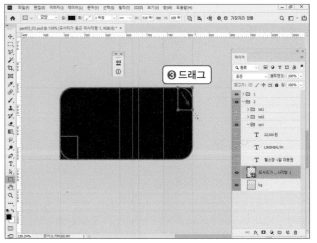

03 레이어 선택 변경하기

❶ 레이어 팔레트에서 [bg] 레이어를 클릭합니다. ❷ 다시 [모서리가 둥근 사각형 1] 레이어를 선택합니다.

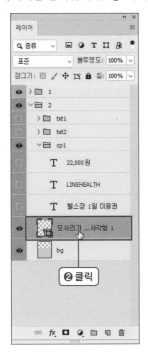

04 중심점 설정하기

❶ 도구 상자에서 타원 도구 ○ 를 선택한 후 상부 옵션 패스 작업에서 전면 모양 빼기 □ 를 선택합니다.
❷ 다음 그림과 같이 도형의 중심이 될 지점을 클릭합니다.

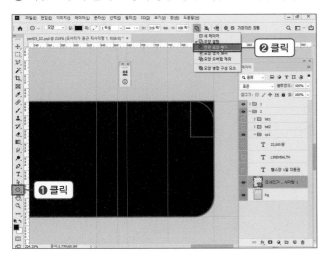
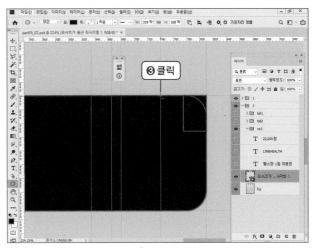

반경 입력하기

❶ [타원 만들기] 대화상자가 나타나면 [폭: 10픽셀], [높이: 10픽셀]을 입력한 후 [중앙부터]에 체크 표시를 합니다. ❷ 다음 그림과 같이 원 도형이 사각형에서 빠진 것을 확인할 수 있습니다. 다른 도형을 만들기위해 아래에 있는 지점을 클릭합니다.

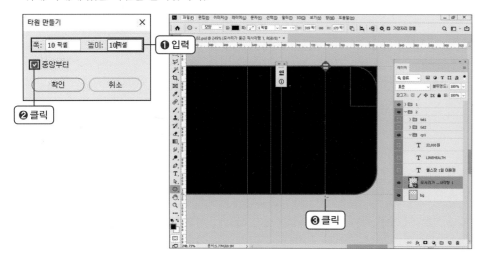

레이어 스타일 복사하기

❶ [타원 만들기] 대화상자가 나타나면 [폭: 10픽셀], [높이: 10픽셀]을 입력한 후 [중앙부터]에 체크 표시를 합니다. ❷ 레이어 팔레트에서 [1] 그룹에 있는 [모든 고객 이벤트] 레이어를 선택한 후 마우스 오른쪽버튼을 클릭하면 나타나는 단축 메뉴 중에서 [레이어 스타일 복사]를 선택합니다.

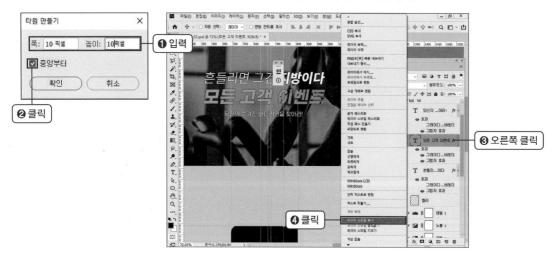

❶ 다시 [2] 그룹의 [모서리가 둥근 사각형 1] 레이어를 선택한 후 마우스 오른쪽 버튼으로 클릭하면 나타나는 단축 메뉴 중에서 [레이어 스타일 붙여넣기]를 선택합니다. ❷ 그림자 효과의 레이어 가시성 👁 을 클릭해 보이지 않게 합니다.

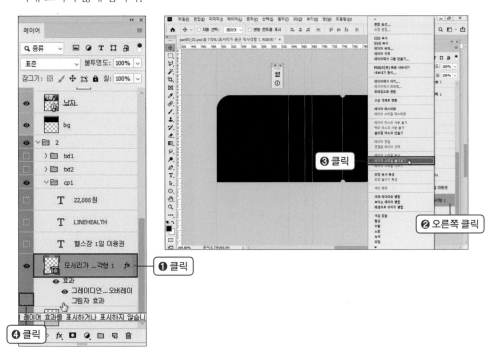

❶ 새로운 레이어를 만들기 위해 Ctrl + Shift + N 을 누르면 나타나는 [새 레이어] 대화상자에서 [이름]에 '색'을 입력한 후 [확인] 버튼을 클릭합니다. ❷ 사각형 선택 윤곽 도구 ⬚ 를 선택한 후 다음 그림과 같이 영역을 선택합니다.

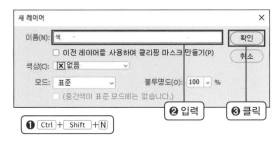

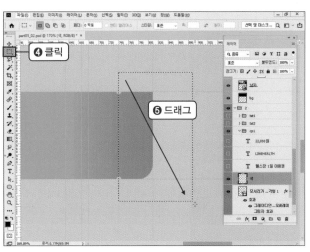

09 칠 색상 선택하기

❶ 선택 영역에 색상을 채우기 위해 [편집]-[칠...]을 선택합니다. ❷ [칠] 대화상자가 나타나면 [내용] 항목에서 [색상...]을 선택합니다.

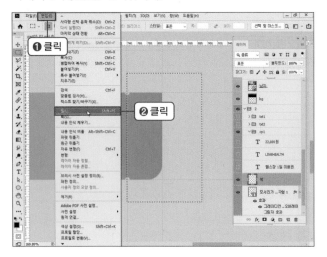

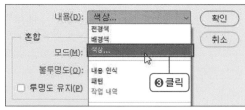

10 색상 채우기

❶ [색상 피커(칠 색상)] 대화상자가 나타나면 [R: 10], [G: 120], [B: 140]을 입력한 후 [확인] 버튼을 클릭합니다. ❷ 다시 [칠] 대화상자가 나타나면 [확인] 버튼을 클릭합니다.

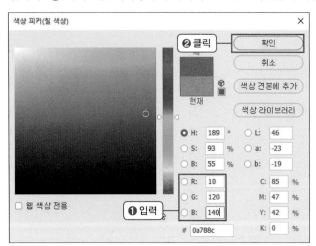

11 선택 영역만 남기기

❶ 도형 영역을 선택하기 위해 [Ctrl]을 누른 채 [모서리가 둥근 직사각형 1] 레이어의 레이어 축소판을 클릭합니다. ❷ 이미지를 선택 영역만큼만 보여 주기 위해 [레이어 마스크 추가 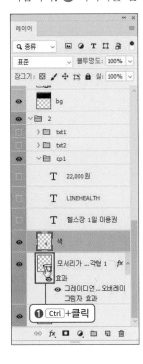]를 클릭합니다.

12 문자 나타내기

❶ [22,000원], [LINEHEALTH], [헬스장 1일 이용권] 레이어의 레이어 가시성 👁을 클릭해 화면에 나타나게 합니다. ❷ [txt1], [txt2] 그룹의 레이어 가시성 👁도 눌러 화면에 나타나게 합니다.

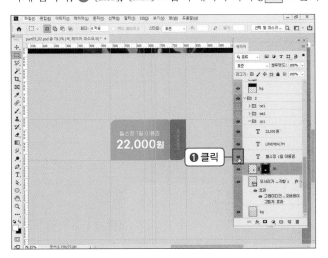 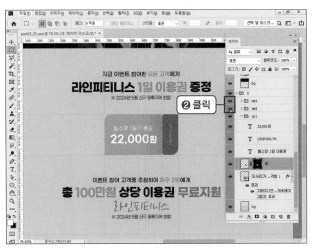

13 원 도형 만들기

❶ 원을 만들기 위해 타원 도구 ◯ 를 선택한 후 상부 옵션에서 [추가 모양 및 패스 옵션 설정] ⚙ 을 클릭하고 [패스 옵션 패널]이 나타나면 [중앙부터]의 체크 표시를 해제합니다. ❷ 사각 모양의 안내선 모서리를 드래그해 원 도형을 만듭니다.

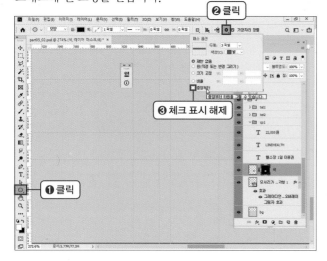

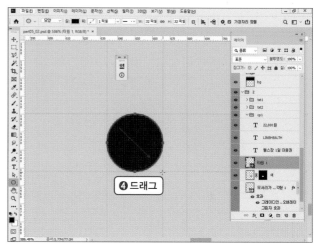

14 더하기(+) 만들기

❶ 도구 상자에서 사각형 도구 ☐ 를 선택한 후 상부 옵션 패스 작업에서 [새 레이어] ▫ 를 선택합니다.
❷ 다음 그림과 같이 원 도형 안에 적당한 크기의 사각형을 만듭니다.

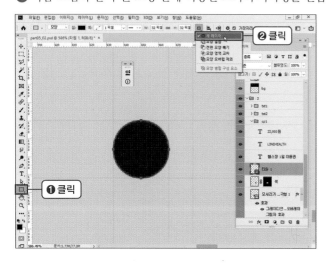

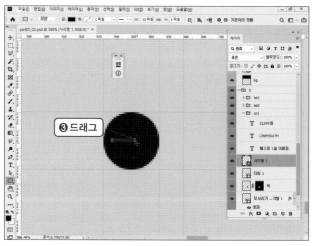

15 색상 변경하고 선택하기

❶ 색상을 변경하기 위해 [사각형 1] 레이어의 레이어 축소판▮을 더블클릭합니다. [색상 피커(단색)] 대화
상자가 나타나면 [R: 255], [G: 255], [B: 255]를 입력한 후 [확인] 버튼을 클릭합니다. ❷ Ctrl 을 누른 채
[타원 1] 레이어를 클릭해 추가로 선택합니다.

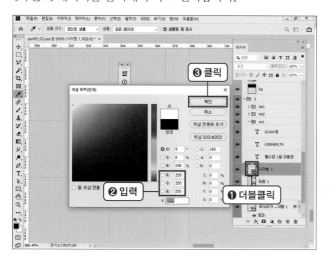

16 정렬하기

❶ 도구 상자에서 이동 도구⊕를 선택한 후 원 도형과 사각형을 정렬하기 위해 수평 중앙 정렬🔳을 클릭
하고 다시 한번 수직 가운데 정렬🔳을 클릭합니다. 사각형이 원 도형의 중앙에 정렬됐습니다. ❷ [사각
형 1] 레이어를 다시 한번 선택한 후 Ctrl + J 를 눌러 레이어를 복사합니다.

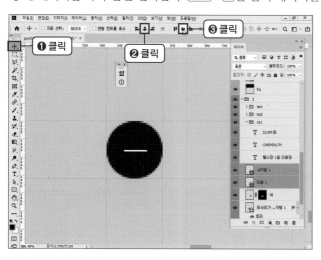

17 회전하고 선택하기

❶ 도형을 회전하기 위해 [편집] 메뉴의 [변형]을 선택한 후 [시계 방향으로 90° 회전]을 선택합니다.

❷ '덤벨.jpg'를 연 후 덤벨 영역만 선택하기 위해 자동 선택 도구 를 선택하고 상부 옵션에서 피사체 선택
을 클릭합니다. 만약 피사체 선택 이 없다면 다각형 올가미 도구 로 선택해야 합니다.

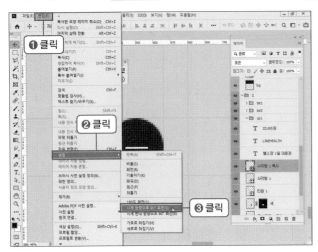

18 불필요한 영역 제거하기

❶ 선택 영역을 복사하기 위해 Ctrl + C 를 누릅니다. ❷ 다시 작업하던 'part05_02.psd'를 선택한 후
Ctrl + V 를 눌러 붙여넣기합니다. 다각형 올가미 도구 로 덤벨 이외의 영역을 선택한 후 Delete 를 눌
러 삭제합니다.

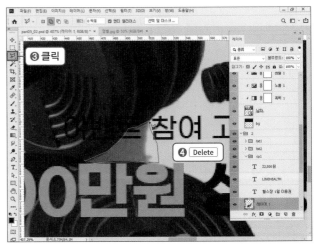

19 위치와 크기 설정하기

❶ Ctrl + D 를 눌러 선택 영역을 해제한 후 Ctrl + T 를 누릅니다. ❷ 다음 그림과 같이 크기와 위치를 설정한 후 Enter 를 누릅니다.

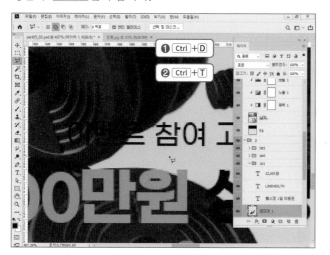

20 레이어 이동하고 그룹 복사하기

❶ [색], [모서리가 둥근 사각형 1] 레이어를 선택한 후 [헬스장 1일 이용권] 레이어의 아래로 드래그합니다. ❷ 이동 도구 ✛ 를 선택한 후 [cp1] 그룹을 선택하고 Alt 를 누른 채 다음 그림과 같이 드래그해 그룹을 복사합니다.

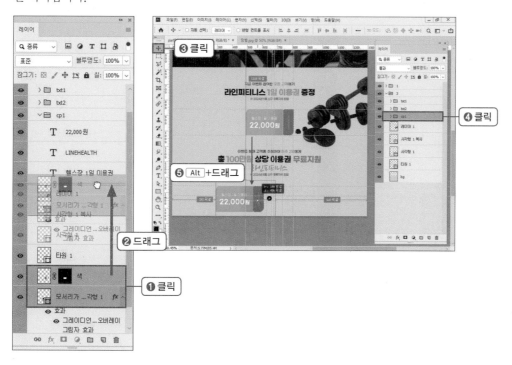

21 문자 변경하기

❶ 수평 문자 도구 <u>T</u>를 선택한 후 문자를 변경합니다. ❷ 이와 똑같은 방법으로 [cp1 복사] 그룹을 복사해 문자를 변경합니다.

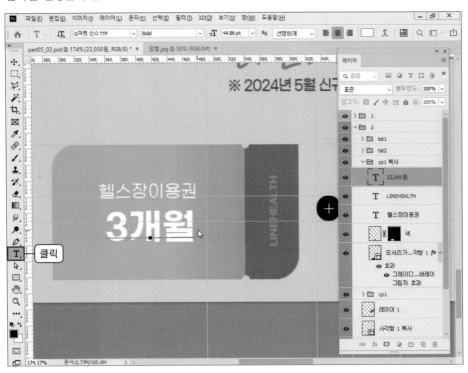

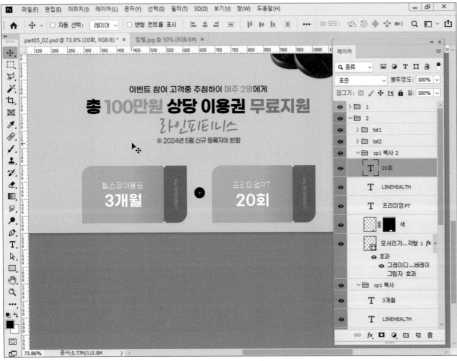

이벤트 만들기

타원과 모서리가 둥근 사각형을 사용하여 이벤트를 만들어 보겠습니다. 클리핑 마스크를 사용해 보여 줄 영역을 조절합니다.

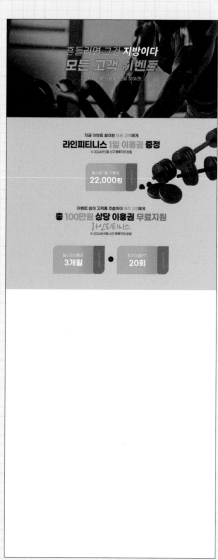

▲ 예제 파일(part05-03.psd)

▲ 완성 파일(part05-03c.psd)

01 배경색 만들기

❶ [파일] 메뉴의 [열기]를 선택해 'part05_03.psd'를 연 후 [이벤트 01] 그룹의 [bg] 레이어를 선택합니다. 색상을 채우기 위해 [편집] 메뉴의 [칠]을 선택하면 나타나는 [칠] 대화상자에서 내용에서 [색상...]을 선택합니다. ❷ [색상 피커(칠 색상)] 대화상자가 나타나면 [R: 30], [G: 30], [B: 40]을 입력한 후 [확인] 버튼을 클릭합니다.

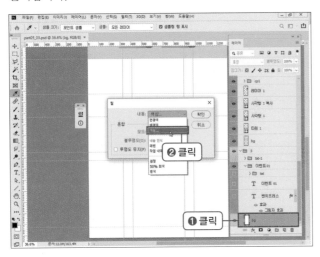

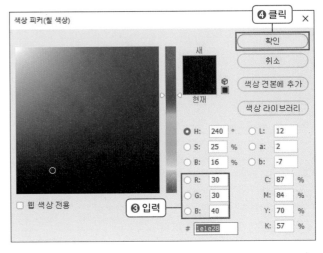

02 사각형 만들기

❶ 다시 [칠] 대화상자가 나타나면 [확인] 버튼을 클릭합니다. ❷ 사각형 도구□를 선택한 후 상부 옵션에서 모양 칠 유형■□을 [흰색], 모양 획 유형 📷을 [없음]⟋으로 설정합니다. 다음 그림과 같이 드래그해 사각형을 만듭니다. [사각형 2] 레이어의 레이어 축소판▤을 더블클릭해 색상을 '연한 회색'으로 변경합니다.

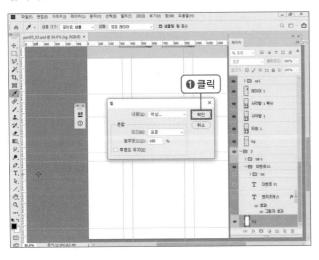

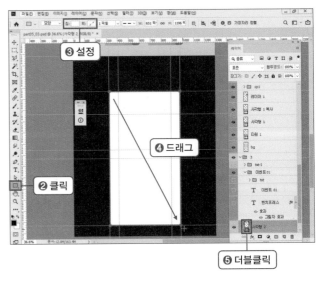

03 레이어 클릭하기

❶ [bg] 레이어를 클릭합니다. ❷ 다시 [사각형 2] 레이어를 클릭합니다.

04 도형 옵션 설정하기

❶ 타원 도구 를 선택한 후 상부 패스 작업 옵션에서 [전면 모양 빼기] 를 선택합니다. ❷ 다음 그림과
같이 사각형 왼쪽 상단 꼭짓점을 클릭합니다.

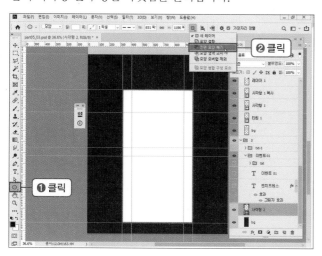
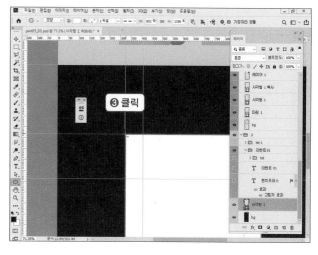

① [타원 만들기] 대화상자가 나타나면 [중앙부터]에 체크 표시를 한 후 [폭: 30픽셀], [높이: 30픽셀]을 입력합니다. ② 사각형에서 원 도형이 빠진 것을 확인할 수 있습니다. 다른 곳에 도형을 만들기 위해 아래에 있는 지점을 클릭합니다.

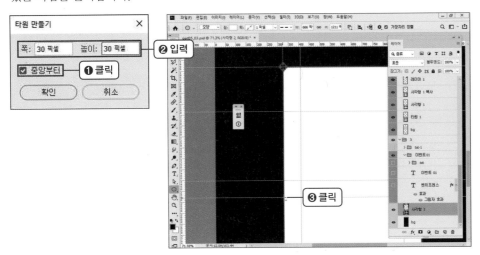

① [타원 만들기] 대화상자가 나타나면 [중앙부터]에 체크 표시를 하고 [폭: 30픽셀], [높이: 30픽셀]을 입력합니다. ② 이와 똑같은 방법으로 네 군데를 더 도형 빼기합니다.

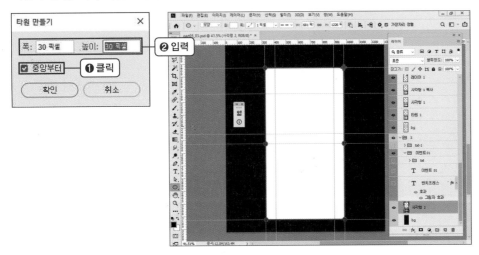

07 타원 만들기

❶ 레이어 팔레트에서 [벤치프레스] 레이어를 선택한 후 다른 타원을 만들기 위해 타원의 중심점을 클릭합니다. ❷ [타원 만들기] 대화상자가 나타나면 [중앙부터]에 체크 표시를 하고 [폭: 36픽셀], [높이: 46픽셀]을 입력합니다.

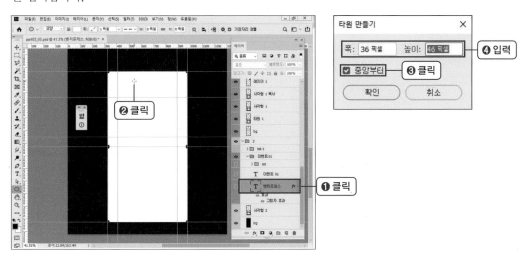

08 타원 복사하기

❶ [타원 2] 레이어의 레이어 축소판을 더블클릭해 색상을 '검은색'으로 변경합니다. 만약 흰색이 아니 다른 색으로 만들어졌다면 그대로 둬도 됩니다. ❷ Ctrl + J 를 눌러 레이어를 복사합니다.

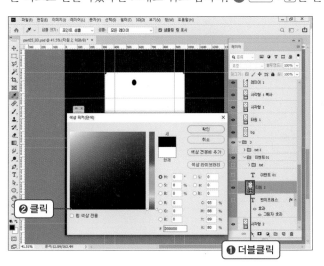
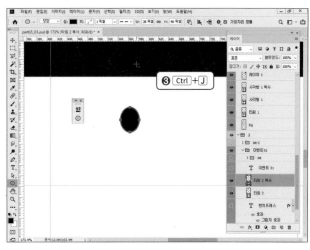

09 이동하고 복사하기

❶ 도형을 이동하기 위해 [Ctrl]+[T]를 누른 후 상부 옵션에서 참조점의 상대 위치△를 클릭하고 [X: 30픽셀]을 입력한 다음 [Enter]를 누릅니다. ❷ [Ctrl]+[J]를 눌러 레이어를 복사합니다.

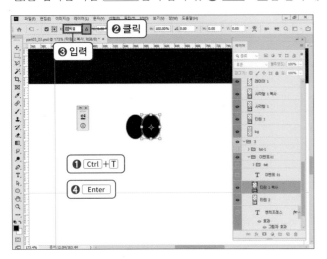
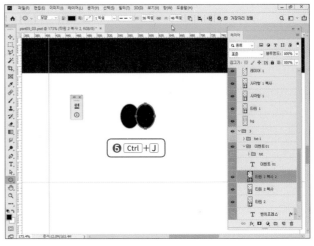

10 이동하고 합치기

❶ 다시 한번 [Ctrl]+[T]를 누른 후 상부 옵션에서 참조점의 상대 위치△를 클릭하고 [X: 30픽셀]을 입력한 다음 [Enter]를 누릅니다. ❷ [타원 2], [타원 2 복사], [타원 2 복사 2] 레이어를 선택한 후 레이어를 합치기 위해 [Ctrl]+[E]를 누릅니다.

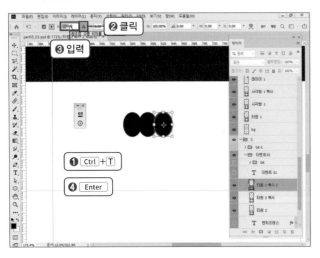

11 스타일 복사하고 붙여넣기

❶ [2] 그룹의 [cp 1] 그룹에 있는 [모서리가 둥근 사각형 1] 레이어 위에 마우스 오른쪽 버튼을 클릭하면 나타나는 단축 메뉴 중에서 [레이어 스타일 복사]를 선택합니다. ❷ 다시 [3] 그룹의 [타원 2 복사 2] 레이어 위에 마우스 오른쪽 버튼을 클릭하면 나타나는 단축 메뉴 중에서 [레이어 스타일 붙여넣기]를 선택합니다.

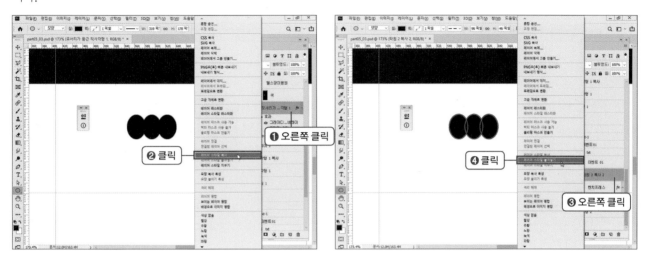

12 정렬하기

❶ 이동 도구 ⊕ 를 선택한 후 Ctrl 을 누른 채 [bg] 레이어를 선택합니다. 정렬을 하기 위해 상부 옵션에서 수평 중앙 정렬 ♣ 을 클릭합니다. ❷ [이벤트 01] 레이어의 레이어 가시성 ◉ 을 클릭해 문자를 보여 줍니다. 다시 [타원 2 복사 2] 레이어를 선택한 후 도형을 이벤트 01 문자의 중앙으로 드래그합니다.

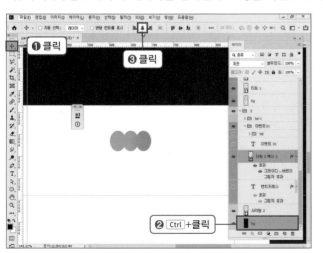
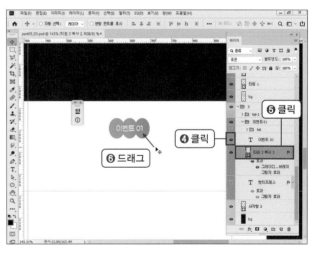

TIP	정교하게 이동하기

도형을 정교하게 이동하려면 이동 도구 ⊕ 를 선택한 후 키보드의 방향키(←, →, ↑, ↓)를 누르면 됩니다.

13 모서리가 둥근 사각형 만들기

❶ 사각형을 만들기 위해 모서리가 둥근 사각형 도구□를 선택한 후 상부 옵션에서 [추가 모양 및 패스 옵션 설정]❖을 클릭하고 [중앙부터]의 체크 표시를 해제합니다. 그럼 다음 반경에 '20'을 입력합니다.
❷ 다음 그림과 같이 드래그해 모서리가 둥근 사각형을 만듭니다.

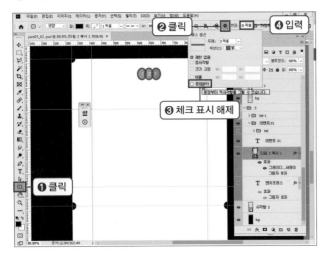
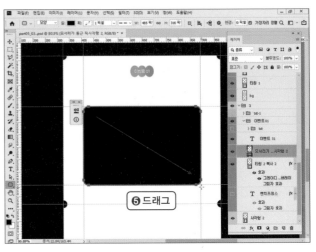

14 이미지 가져오기

❶ 이미지를 삽입하기 위해 [파일] 메뉴의 [포함 가져오기]를 선택합니다. [포함 가져오기] 대화상자가 나타나면 'sample\part05\pt.jpg'를 선택한 후 [가져오기] 버튼을 클릭합니다. ❷ 다음 그림과 같이 크기와 위치를 설정한 후 [Enter]를 누릅니다.

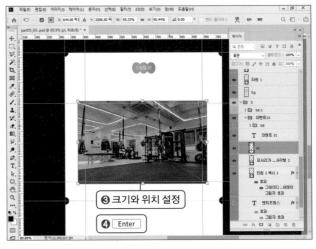

15 클리핑 마스크 만들기

❶ 이미지를 모서리가 둥근 사각형 영역만큼만 보여 주기 위해 [레이어] 메뉴의 [클리핑 마스크 만들기]를 선택합니다. ❷ [txt] 레이어의 레이어 가시성 👁을 클릭해 문자를 보여 줍니다.

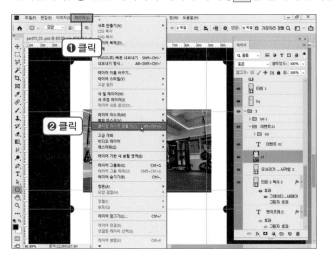

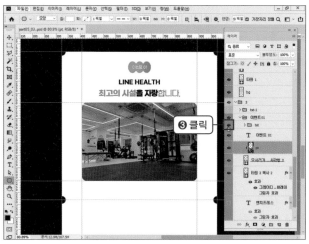

16 도형 만들기

❶ [사각형 2] 레이어를 선택합니다. 모서리가 둥근 직사각형 도구 ⬭를 선택한 후 상부 옵션의 반경에 '100'을 입력합니다. ❷ [벤치 프레스] 레이어의 레이어 가시성 👁을 클릭해 문자를 보여 줍니다. 문자의 중앙을 클릭합니다.

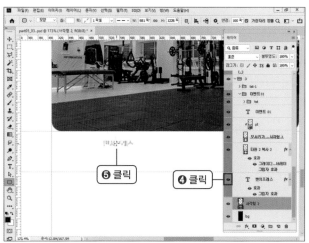

17 레이어 스타일 붙여넣기

❶ [사각형 만들기] 대화상자가 나타나면 [중앙부터]에 체크 표시를 한 후 [폭: 82픽셀], [높이: 17픽셀]을 입력하고 [확인] 버튼을 클릭합니다. ❷ [모서리가 둥근 직사각형 3] 레이어 위에 마우스 오른쪽 버튼을 클릭하면 나타나는 단축 메뉴 중에서 [레이어 스타일 붙여넣기]를 선택합니다.

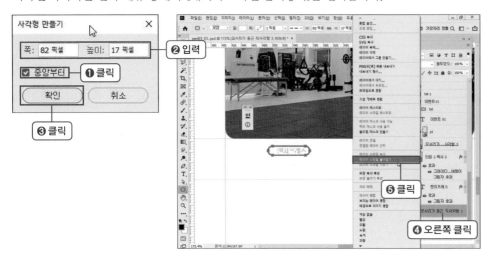

18 그룹 만들기

❶ Ctrl 을 누른 채 [벤치프레스] 레이어를 클릭해 2개의 레이어를 선택합니다. 이동 도구 를 선택한 후 정렬을 하기 위해 상부 옵션에서 수평 중앙 정렬 을 클릭한 후 다시 한번 수직 가운데 정렬 을 클릭합니다. ❷ 그룹을 만들기 위해 레이어 팔레트 아래에 있는 [새 그룹 만들기] 를 클릭합니다.

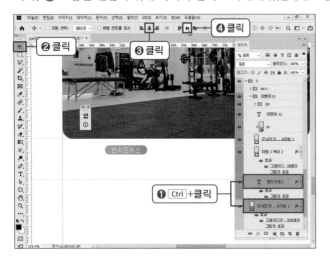

19 테두리 선 만들기

❶ 테두리 선을 만들기 위해 [모서리가 둥근 직사각형 3] 레이어를 선택한 후 레이어 팔레트 아래에 있는
[레이어 스타일 추가 *fx*]를 클릭하고 [획...]을 선택합니다. ❷ [레이어 스타일] 대화상자가 나타나면 [획]-
[구조] 항목에서 [크기: 1픽셀], [위치: 안쪽], [혼합 모드: 표준], [불투명도: 100%]를 설정한 후 [색상]을
클릭합니다.

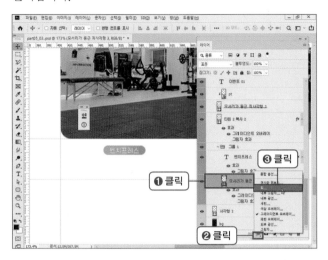
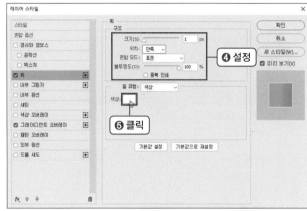

20 색상 설정하기

❶ [색상 피커(획 색상)] 대화상자가 나타나면 [R: 50], [G: 160], [B: 100]을 입력한 후 [확인] 버튼을 클릭
합니다. ❷ 다시 [레이어 스타일] 대화상자가 나타나면 [확인] 버튼을 클릭합니다.

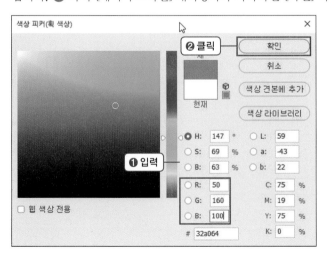
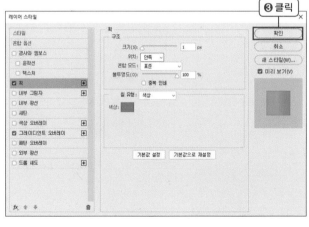

21 복사하고 스타일 숨기기

❶ 객체를 복사하기 위해 이동 도구  를 선택합니다. [Alt]를 누른 채 [그룹 1] 레이어를 다음 그림과 같이 오른쪽으로 드래그합니다. ❷ [그룹 1 복사] 레이어 안에 있는 [모서리가 둥근 직사각형 3]의 [그레이디언트 오버레이] 레이어의 레이어 가시성 ⦿ 을 클릭해 보이지 않게 합니다.

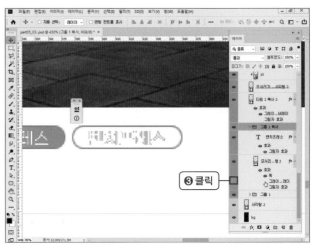

22 색상 오버레이 선택하기

❶ [벤치프레스] 레이어를 선택한 후 레이어 팔레트의 아래에 있는 [레이어스타일 추가] ƒx 를 클릭하고 [색상 오버레이…]를 선택합니다. ❷ [레이어 스타일] 대화상자가 나타나면 [혼합 모드] 옆에 있는 [색상]을 클릭합니다.

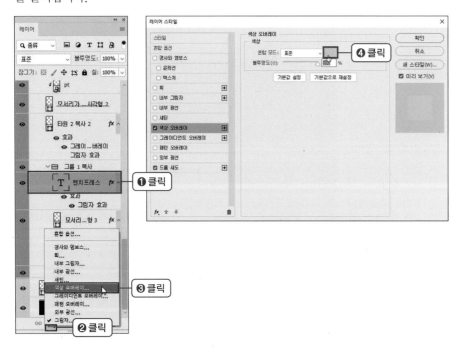

23 색상 채우기

❶ [색상 피커(오버레이 색상)] 대화상자가 나타나면 [R: 50], [G: 160], [B: 100]을 입력한 후 [확인] 버튼
을 클릭합니다. ❷ 다시 [레이어 스타일] 대화상자가 나타나면 [확인] 버튼을 클릭합니다.

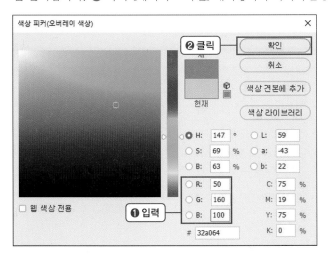

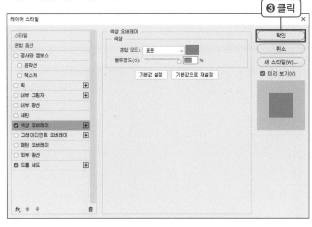

24 복사하고 폭 맞추기

❶ Alt 를 누른 채 [그룹 1 복사] 레이어를 다시 한번 오른쪽으로 드래그해 복사합니다. ❷ [그룹 1], [그
룹 1 복사], [그룹 1 복사 2] 레이어를 동시에 선택한 후 폭을 똑같이 하기 위해 상부 옵션에서 [가로로 분
포▮▮]를 클릭합니다.

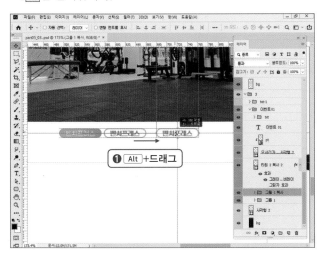

25 그룹 합치고 정렬하기

❶ 그룹을 만들기 위해 레이어 팔레트 아래에 있는 [새 그룹 만들기]□를 클릭합니다. ❷ Ctrl 을 누른 후 [bg] 레이어를 클릭해 레이어를 추가로 선택합니다. 정렬을 하기 위해 상부 옵션에서 [수평 중앙 정렬]♣ 을 누릅니다.

26 선 유형 설정하기

❶ 수평 문자 도구 T를 선택한 후 문자를 변경합니다. ❷ [이벤트 01 그룹] 레이어를 선택한 후 내림▽을 클릭합니다. 선 도구 ✎를 선택한 후 상부 옵션에서 모양 칠 유형 ■을 [없음]☒으로 설정하고 모양 획 유형 █을 검은색으로 설정합니다. 모양 획 유형 설정 ──────▽을 눌러 두 번째 점선을 선택한 후 아래 의 [옵션 확장...] 버튼을 클릭합니다.

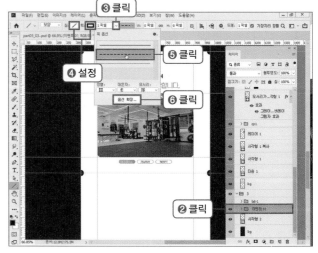

27 점선 만들기

❶ [획] 대화상자가 나타나면 첫 번째의 [대시: 5], 두 번째의 [간격: 3]을 입력한 후 [확인] 버튼을 클릭합니다. ❷ 다음 그림과 같이 두 점을 설정해 수평선을 만듭니다.

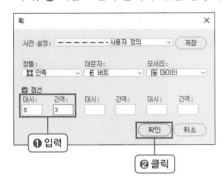

28 복사하고 이동하기

❶ [이벤트 01] 그룹 레이어를 선택한 후 Ctrl + J 를 눌러 복사합니다. ❷ 이동 도구 ⊕ 를 선택한 후 다음 그림과 같이 아래로 드래그합니다.

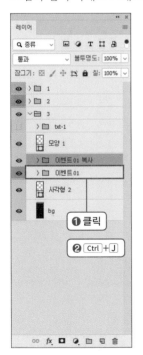

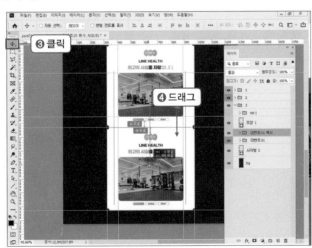

29 이미지 삽입하기

① 이미지에 해당하는 레이어를 선택하기 위해 [Alt]를 누른 후 복사된 이미지 위에 마우스 오른쪽 버튼을 클릭합니다. 해당 레이어로 자동 드래그합니다. ② 이미지를 삽입하기 위해 [파일] 메뉴의 [포함 가져오기]를 선택합니다. [포함 가져오기] 대화상자가 나타나면 'sample\part05\pt1.jpg'를 선택한 후 [가져오기] 버튼을 클릭합니다. 다음 그림과 같이 크기와 위치를 설정한 후 [Enter]를 누릅니다.

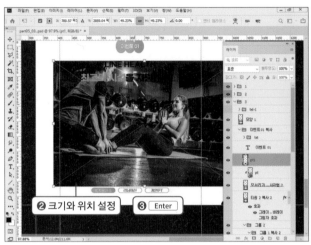

30 문자 수정하기

① 모서리가 둥근 사각형 모양만큼만 이미지를 보여 주기 위해 [레이어] 메뉴의 [클리핑 마스크 만들기]를 선택합니다. ② 수평 문자 도구 [T]를 선택한 후 문자를 수정합니다.

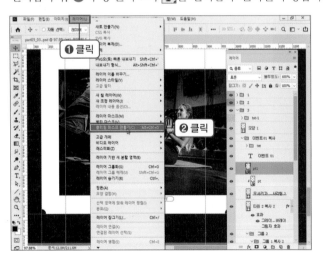
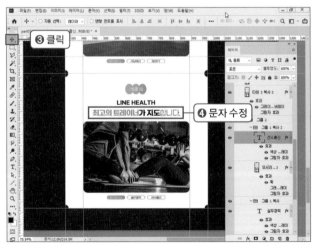

31 완성하기

[txt-1] 그룹의 레이어 가시성 👁 을 클릭해 문자를 보여 줍니다. 완성됐습니다.

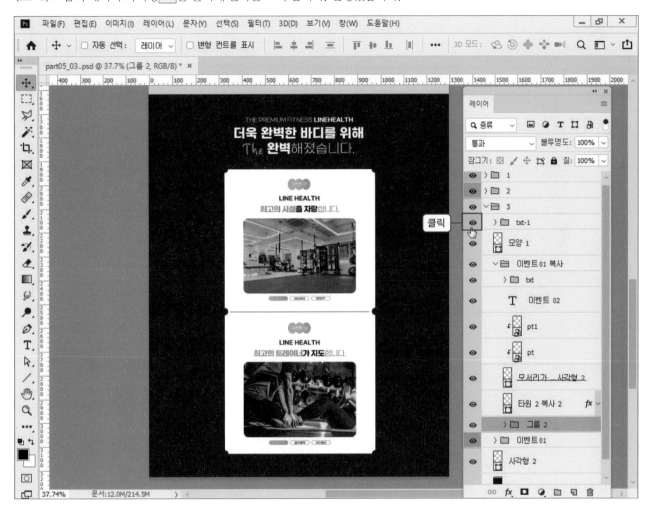

참여 신청 만들기

할인 행사 랜딩 페이지 제작에서 가장 마지막에 만드는 것이 이름과 연락처를 입력하는 [참여 신청하기]입니다. [문자], [사각형], [포함 가져오기]를 이용해 기본 이미지를 만든 후 타원, 선, 문자를 이용해 [신청하기] 버튼을 만듭니다.

▲ 예제 파일(part05-04.psd)

▲ 완성 파일(part05-04c.psd)

01 배경색 만들기

❶ [파일] 메뉴의 [열기]를 선택해 'part05_04.psd'를 연 후 [4] 그룹의 [bg] 레이어를 선택합니다. 도구 상자
에 있는 사각형 선택 윤곽 도구 █ 를 선택한 후 다음 그림과 같이 사각 영역을 선택합니다. ❷ 도구 상자
에서 전경색 █ 을 클릭한 후 [색상 피커(전경색)] 대화상자가 나타나면 [R: 0], [G: 50], [B: 100]을 입력한
후 [확인] 버튼을 클릭합니다.

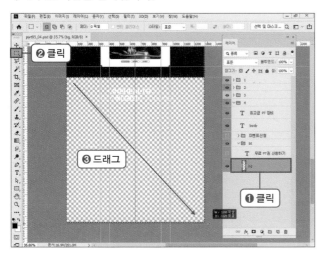
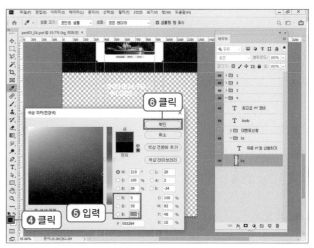

02 색 채우고 선택하기

❶ 선택한 영역을 전경색으로 채우기 위해 Alt + Delete 를 누른 후 Ctrl + D 를 눌러 선택 영역을 해제합
니다. ❷ 문자 영역을 선택하기 위해 Ctrl 을 누른 채 [body] 레이어를 클릭합니다.

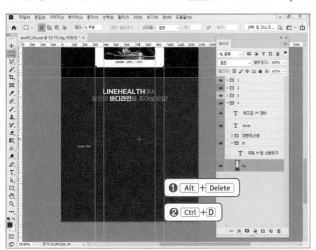
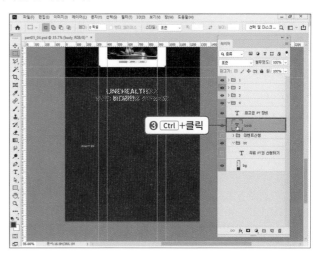

03 새 레이어 만들고 교차 영역 선택하기

❶ 새로운 레이어를 만들기 위해 [Ctrl]+[Shift]+[N]을 누르면 나타나는 [새 레이어] 대화상자의 [이름]에 '문자컬러'를 입력한 후 [확인] 버튼을 클릭합니다. ❷ 상부 옵션에서 선택 영역과 교차 📄를 선택한 후 'LINEHEALTH'를 선택합니다.

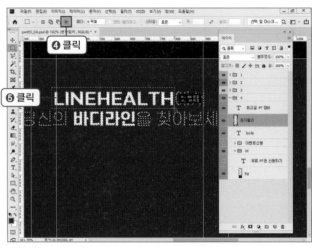

04 레이어 스타일 복사하기

❶ 레이어를 바로 선택하기 위해 이동 도구 ✛를 선택한 후 [3] 그룹의 [벤치프레스] 레이어 아래에 있는 [모서리가 둥근 직사각형 3] 레이어 위에 오른쪽 버튼을 클릭합니다. ❷ [레이어 스타일 복사]를 선택합니다.

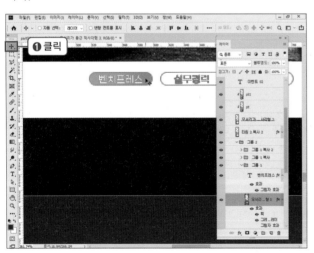

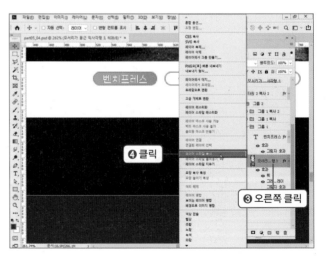

05 레이어 스타일 붙여넣기

❶ 다시 [문자컬러] 레이어를 선택한 후 전경색으로 채우기 위해 Alt + Delete 를 누릅니다. ❷ [문자컬러] 레이어 위에 마우스 오른쪽 버튼을 클릭하면 나타나는 단축 메뉴 중에서 [레이어 스타일 붙여넣기]를 선택합니다.

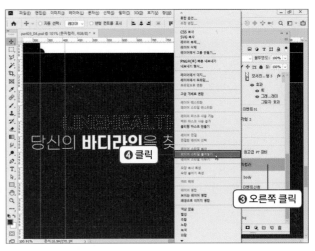

06 원점 이동하기

❶ Ctrl + D 를 눌러 선택 영역을 해제한 후 [문자컬러] 레이어의 [효과]에 있는 [획]의 레이어 가시성 👁 을 클릭해 해제합니다. ❷ 원점을 이동하기 위해 자의 왼쪽 상단 모서리의 원점 ⬚ 을 안내선까지 드래그합니다. 만약 자가 보이지 않는다면 Ctrl + R 을 누르면 됩니다.

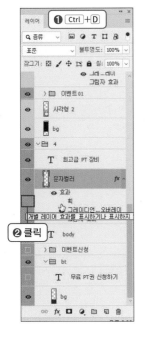

원점(0,0)

이미지의 원점은 좌측, 상단 모서리에 위치합니다. 원점을 드래그해 이동할 수 있습니다. 다시 원점을 초기화하기 위해서는 원점 위치에서 더블클릭하면 됩니다.

■ **원점을 이동한 경우**

원점을 드래그해 가로 300픽셀, 세로 300픽셀이 만나는 지점으로 드래그합니다.

■ **원점을 초기화한 경우**

가로, 세로 300픽셀의 위치가 0,0으로 변경됐습니다. 다시 원점을 초기화하기 위해 원점을 더블클릭합니다. 원점이 원래 위치로 되돌아간 것을 확인할 수 있습니다.

07 새 안내선 만들기

① 새로운 안내선을 만들기 위해 [보기] 메뉴의 [새 안내선]을 선택합니다. [새 안내선] 대화상자가 나타나면 방향을 [가로]로 선택한 후 [위치]에 '315'를 입력하고 [확인] 버튼을 클릭합니다. ② 다시 한번 [새 안내선]을 선택하면 나타나는 [새 안내선] 대화상자에서 [방향]을 [가로]로 선택한 후 [위치]에 '615'를 입력하고 [확인] 버튼을 클릭합니다.

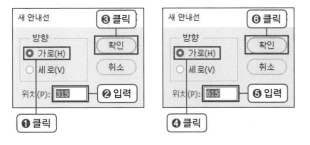

08 한 줄 만들기

① 새로운 레이어를 만들기 위해 Ctrl + Shift + N 을 누르면 나타나는 [새 레이어] 대화상자에서 [이름]에 '라인'을 입력하고 [확인] 버튼을 클릭합니다. ② 단일 행 선택 윤곽 도구 ▭ 한 후 위치를 클릭합니다.

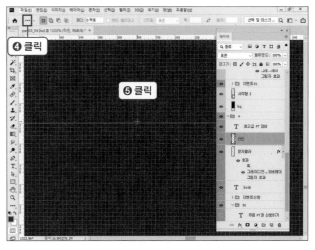

09 색 채우기

❶ 도구 상자에서 전경색■을 클릭한 후 [색상 피커(전경색)] 대화상자가 나타나면 [R: 70], [G: 220], [B: 220]을 입력하고 [확인] 버튼을 클릭합니다. ❷ Alt + Delete 를 눌러 전경색을 채워 주고 Ctrl + D 를 눌러 영역을 해제합니다.

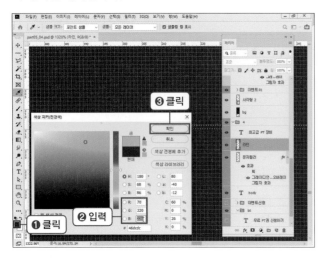
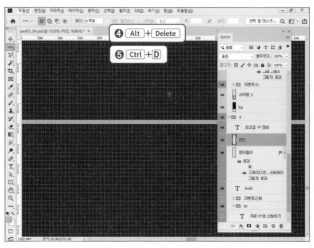

10 1픽셀 복사하기

❶ 이동 도구⊕를 선택한 후 1픽셀 간격으로 도형을 복사하기 위해 Ctrl + Alt 를 누른 채 ↑를 한 번 누릅니다. ❷ 한 번 더 복사하기 위해 Ctrl + Alt 를 누른 채 ↑를 한 번 더 누릅니다.

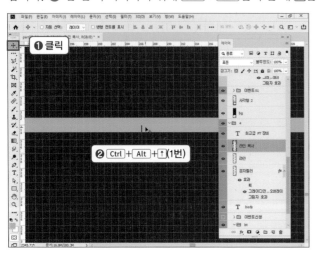
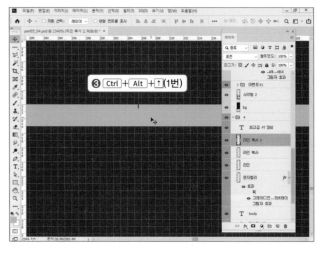

11 사각형 만들기

❶ 사각형 도구 □를 선택한 후 상부 옵션에서 모양 칠 유형 ■을 [검은색]으로 설정하고 모양 획 유형 □을 [없음]□으로 설정합니다. ❷ 다음 그림과 같이 드래그해 사각형을 1개 만듭니다.

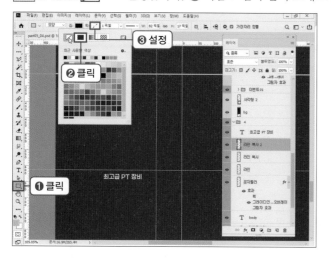
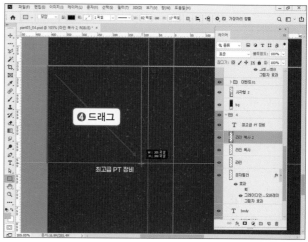

12 사각형 복사하기

❶ 사각형을 복사하기 위해 이동 도구 ⊕를 선택한 후 Alt 를 누른 채 오른쪽 방향으로 사각형 가로 크기만큼 드래그합니다. ❷ 다시 한번 Alt 를 누른 채 오른쪽 방향으로 복사된 사각형 가로 크기만큼 이동합니다.

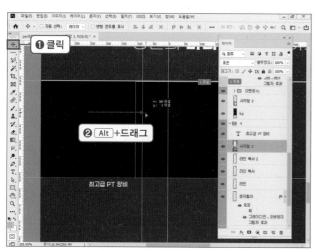
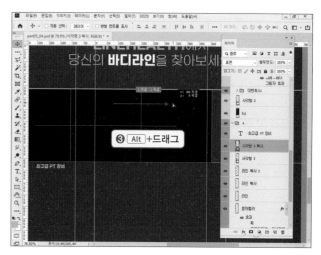

13 크기 조절하기

❶ 레이어 팔레트에서 3개의 사각형을 선택합니다. ❷ Ctrl + T를 눌러 3개의 사각형을 전체 이미지의 가로 크기에 맞게 조절하고 Enter 를 누릅니다.

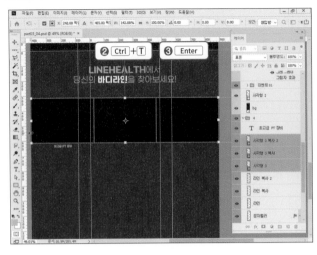

14 2개 사각형 삭제하기

❶ [사각형 3 복사], [사각형 3 복사 2] 레이어를 선택합니다. ❷ 도형을 삭제하기 위해 Delete 를 눌러 줍니다.

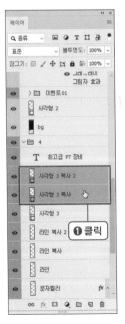
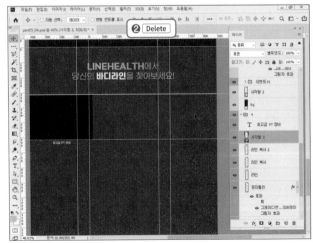

❶ 이미지를 삽입하기 위해 [파일] 메뉴의 [포함 가져오기]를 선택합니다. [포함 가져오기] 대화상자가 나
타나면 'sample\part05\pt2.jpg'를 선택한 후 [가져오기] 버튼을 클릭합니다. 다음 그림과 같이 크기와 위치
를 설정하고 Enter 를 누릅니다. ❷ 이미지를 사각형 영역만큼만 보여 주기 위해 [레이어] 메뉴의 [클리핑
마스크 만들기]를 선택합니다.

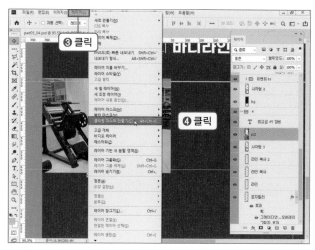

❶ [사각형 3], [pt2], [최고급 PT 장비] 레이어를 선택한 후 레이어 팔레트 아래에 있는 [새 그룹 만들기]
□를 클릭합니다. ❷ Ctrl +J 를 눌러 [그룹 3] 레이어를 복사한 후 이동 도구 ⊕ 를 선택하고 다음 그림
과 같이 오른쪽으로 드래그합니다.

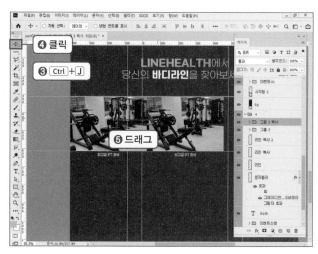

17 레이어 자동 선택하기

① 다시 한번 [그룹 3 복사] 레이어를 복사한 후 다음 그림과 같이 오른쪽으로 드래그합니다. **②** 레이어를
바로 선택하기 위해 Alt 를 누른 채 두 번째 그룹의 이미지 위에 마우스 오른쪽 버튼을 클릭합니다.

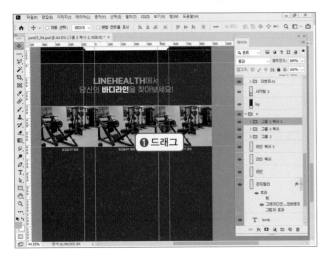
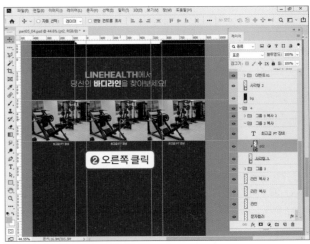

18 이미지 삽입하기

① 이미지를 삽입하기 위해 [파일] 메뉴의 [포함 가져오기]를 선택합니다. [포함 가져오기] 대화상자가 나
타나면 'sample\part05\pt3.jpg'를 선택한 후 [가져오기] 버튼을 클릭합니다. 다음 그림과 같이 크기와 위치
를 설정한 후 Enter 를 누릅니다. **②** 이미지를 사각형 영역만큼만 보여 주기 위해 [레이어] 메뉴의 [클리
핑 마스크 만들기]를 선택합니다.

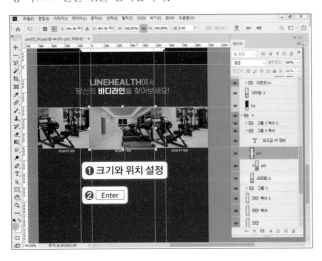
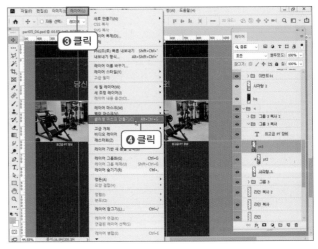

19 레이어 닫기

❶ 같은 방법으로 세 번째 그룹의 이미지를 추가한 후 문자를 변경합니다. ❷ [그룹 3 복사 2] 레이어를 선택한 후 내림☑을 클릭합니다.

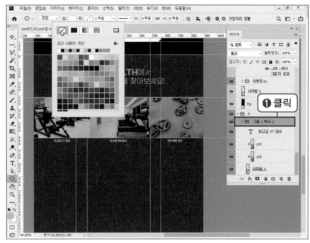

20 원 만들기

❶ 원을 만들기 위해 타원 도구☑를 선택한 후 상부 옵션에서 모양 칠 유형■을 [흰색], 모양 획 유형☑을 [없음]☑으로 설정하고 도형의 위치를 클릭합니다. ❷ [타원 만들기] 대화상자가 나타나면 [폭]과 [높이]에 각각 '8'을 입력한 후 [확인] 버튼을 클릭합니다.

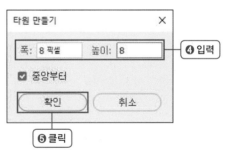

21 원형 복사하기

❶ 이동 도구 ✛를 선택한 후 도형을 복사하기 위해 Ctrl + J를 누릅니다. 도형을 이동하기 위해 Ctrl + T를 누른 후 상부 옵션에서 참조점의 상대 위치 △를 클릭하고 [X]에 '15픽셀'을 입력합니다. ❷ 이와 똑같은 같은 방법으로 4개를 더 복사합니다.

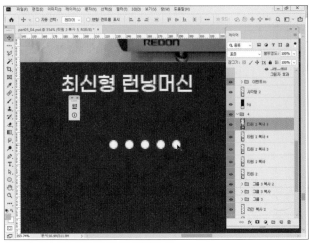

22 색상 변경하고 그룹 만들기

❶ 도형의 색상을 변경하기 위해 [타원 2 복사 3] 레이어의 레이어 축소판 을 더블클릭합니다. [색상 피커 (단색)] 대화상자가 나타나면 [R: 255], [G: 255], [B: 100]을 입력한 후 [확인] 버튼을 클릭합니다. ❷ 그룹을 만들기 위해 레이어 팔레트에서 5개의 타원을 선택한 후 [새 그룹 만들기] 를 클릭합니다.

23 레이어 정렬하고 숨겨진 레이어 보여 주기

❶ [그룹 4] 레이어와 [bg] 레이어를 선택한 후 상부 옵션에 있는 수평 중앙 정렬 ➕을 누릅니다. ❷ [이벤트신청 그룹] 레이어와 [무료 PT권 신청하기] 레이어의 가시성 👁을 클릭해 활성화합니다.

24 모서리가 둥근 직사각형 만들기

❶ [무료 PT권 신청하기] 레이어를 선택한 후 모서리가 둥근 직사각형 도구 ▢를 선택하고 상부 옵션 반경에 '200'을 입력합니다. ❷ 도형의 위치를 클릭합니다.

 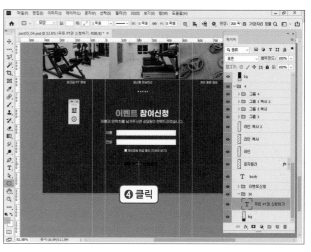

25 사각형 만들고 레이어 스타일 붙여넣기

❶ [사각형 만들기] 대화상자가 나타나면 [폭: 320픽셀], [높이: 50픽셀]을 입력한 후 [중앙부터]에 체크 표시를 한 후 [확인] 버튼을 클릭합니다. ❷ [모서리가 둥근 직사각형 4] 레이어 위에 마우스 오른쪽 버튼을 클릭하면 나타나는 단축 메뉴 중에서 [레이어 스타일 붙여넣기]를 선택합니다.

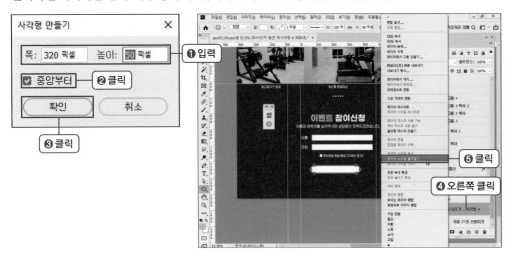

26 레이어 이동하고 타원 옵션 설정하기

❶ [모서리가 둥근 직사각형 4] 레이어를 [무료 PT권 신청하기] 레이어 아래로 드래그합니다. ❷ 타원 도구 ◯를 선택한 후 상부 옵션에서 모양 칠 유형 █을 [검은색]으로 설정하고 모양 획 유형 ◢을 [없음] ◢으로 설정합니다.

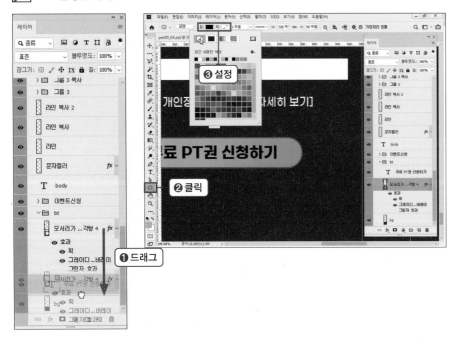

27 원 도형 만들기

❶ 타원의 위치를 클릭합니다. ❷ [타원 만들기] 대화상자가 나타나면 [폭]과 [높이]에 각각 '45픽셀'을 입력한 후 [확인] 버튼을 클릭합니다.

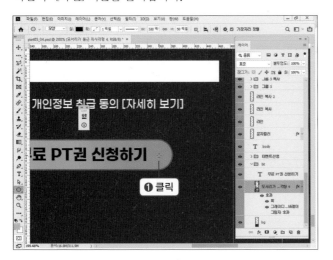

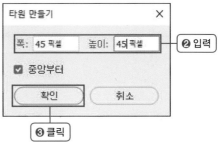

28 화살표 만들기

❶ 레이어 팔레트에서 [무료 PT권 신청하기] 레이어를 선택한 후 선 도구 를 선택합니다. 그런 다음 상부 옵션에서 모양 칠 유형 을 [없음] 으로 설정하고 모양 획 유형 을 [흰색]으로 설정합니다. 획 옵션을 실선으로 설정합니다. ❷ 다음 그림과 같이 선을 만듭니다. Shift 를 누른 채 선을 그리면 수평, 수직, 45도 선을 만들 수 있습니다.

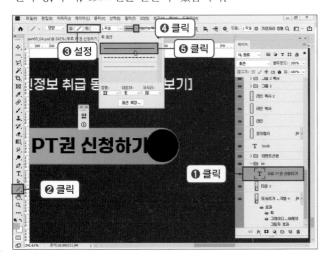

29 세로로 뒤집기

❶ Ctrl + J 를 눌러 선을 복사합니다. ❷ [편집] 메뉴의 [패스 변형]–[세로로 뒤집기]를 선택합니다.

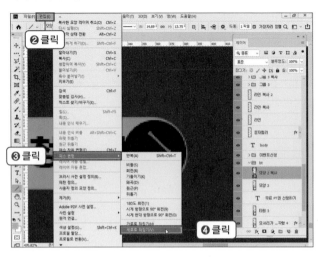

30 선 이동하기

❶ [Adobe Photoshop] 대화상자가 나타나면 [예(Y)]를 선택합니다. 만약 대화상자가 나타나지 않으면 다음 단계를 진행하면 됩니다. ❷ 이동 도구 ⊕ 를 선택한 후 복사된 선을 다음 그림과 같이 드래그합니다.

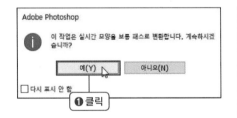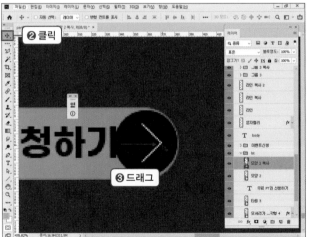

31 완성하기

[무료 PT권 신청하기], [모서리가 둥근 직사각형], [원], [화살표]를 다음 그림과 같이 드래그해 모든 과정
을 마무리합니다.

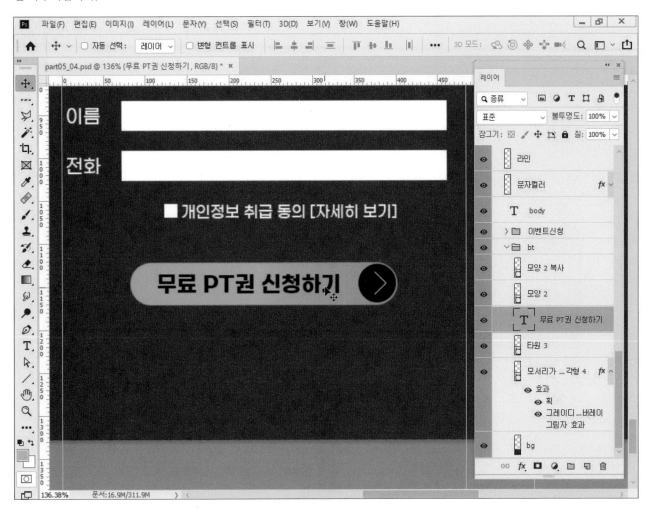

찾아보기